早川廣中
本井康博
共著

増補改訂

新島八重と夫、襄

――会津・京都・同志社――

思文閣出版

1「山本覚馬　新島八重　生誕の地」碑（会津若松市米代二丁目）

［口絵図版］

1・11：同志社社史資料センター図版提供

2・12：同志社社史資料センター所蔵・図版提供

3・6・7・10：福島県立葵高等学校所蔵・図版提供

4：財団法人会津若松市観光公社図版提供

5：白虎隊記念館図版提供

8：福島県立博物館所蔵・図版提供

9：会津若松市立会津図書館所蔵・図版提供

13：同志社大学図書館所蔵・図版提供

2　八重手芸品（草花模様貼り絵）

4　現在の鶴ヶ城

5　白虎隊記念館外観

3　八重書「明日の夜は何国の誰か眺むらん
慣れしお城に残す月影」

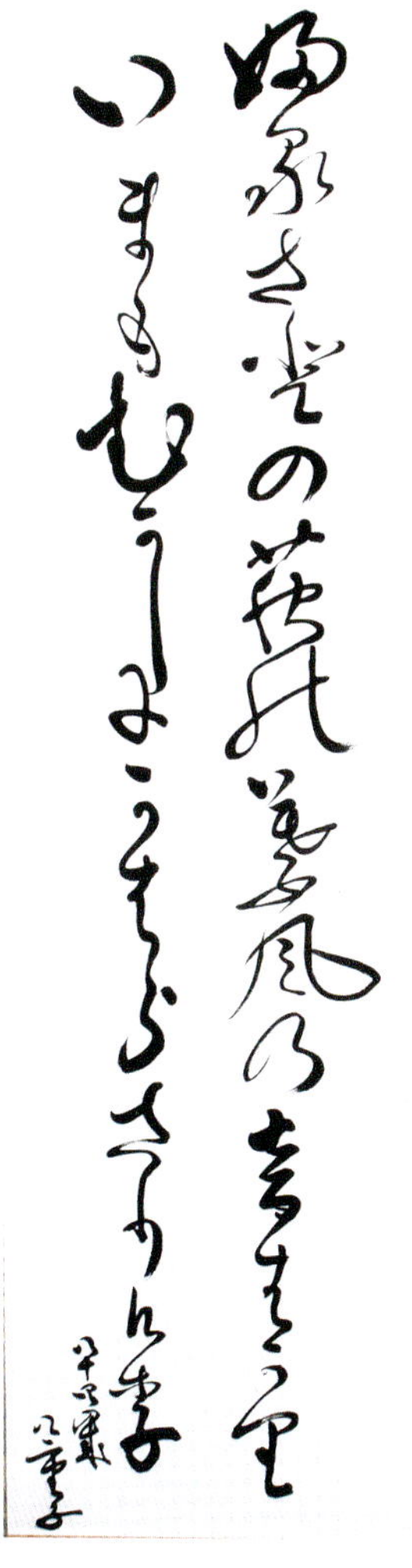

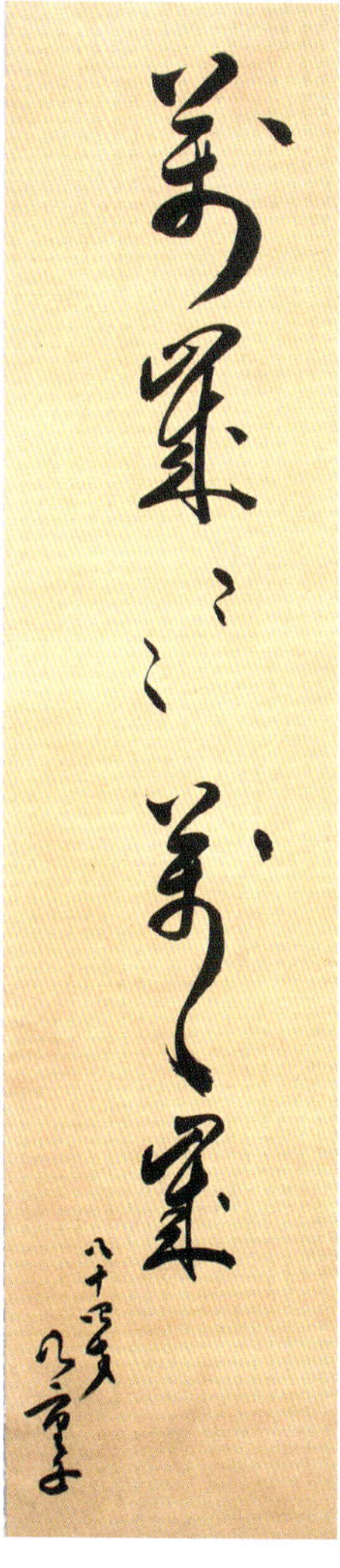

6　八重書「ふるさとの萩の葉風の音ばかり　今も昔にかはらざりけり」

7　八重書「萬歳々々萬々歳」

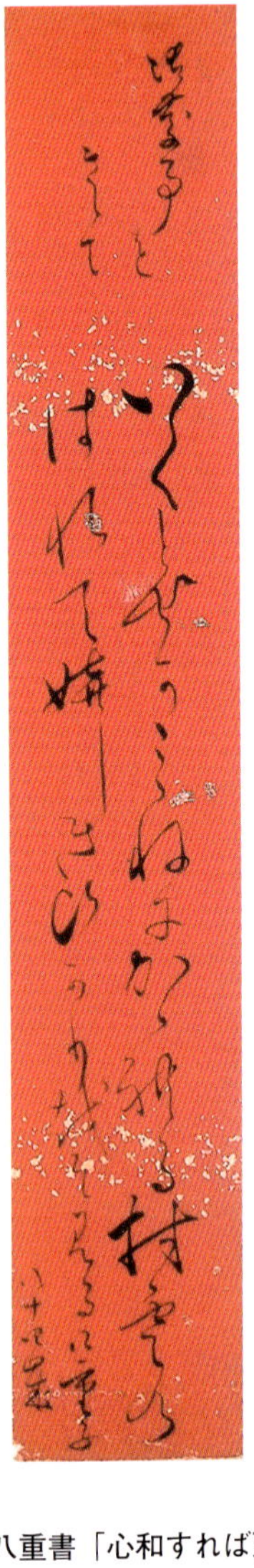

8　八重書「心和すれば天真を得る」

9　八重書「いくとせか峰にかかれる村雲の　はれて嬉しきひかりをそ見る」

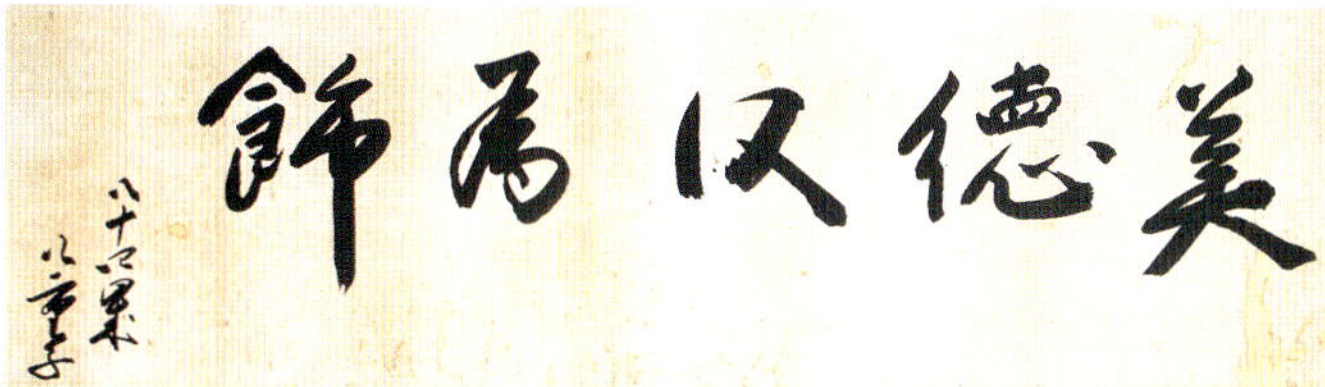

10　八重書「美徳以て飾りと為す」

11　新島旧邸外観（京都市上京区）

12　1888～89年ごろ同志社に在籍した会津出身者と新島襄
前列中央が山本覚馬。最後列左から兼子重光・新島襄・新島八重・松平容大

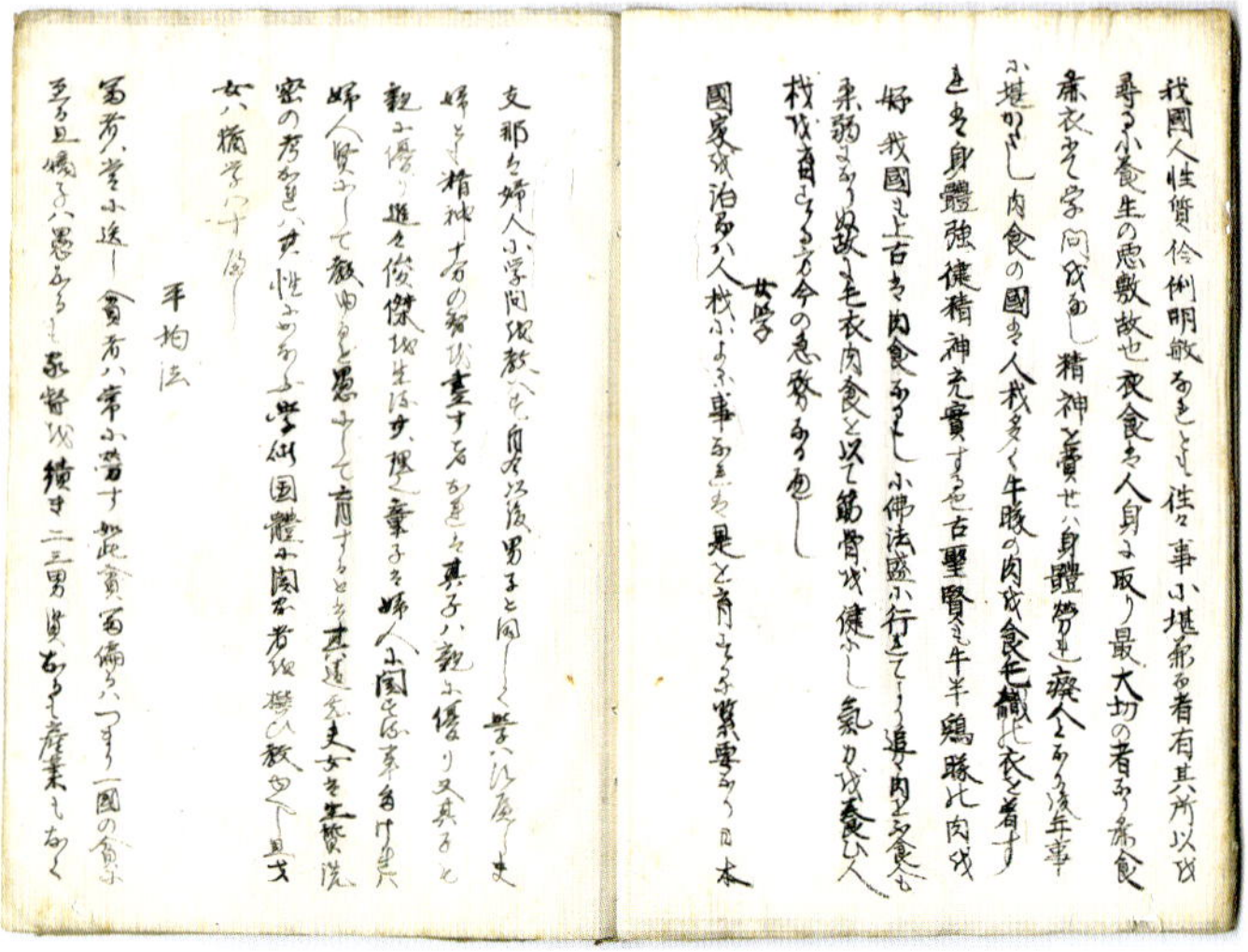

我國人性質伶俐明敏なれとも往々事に堪ゆる者有其所以は
尋るに養生の悪敷故也 衣食は人身を取り最大切の者なるに粗食
麁衣を苦ともせす 精神を費せは身體労して疲れ易く[illegible]
に堪かたし 肉食の國は人我多く牛豚の肉を食し毛織の衣を着す
故に身體強健精神充實する也 古聖賢も牛羊鶏豚の肉を
好む 我國も上古は肉食なりしか佛法盛に行はれてより遂に肉を食せす
柔弱となりし故に毛衣肉食を以て筋骨を健にし氣力を養ひ人
材を育する事方今の急務なるへし

女学

國家を治るは人材によらさる事なし 是を育するは緊要なり 日本
支那も婦人に学問を教へす 自今以後男子と同しく学はしむへし 丈
婦とも精神才力の智は一なる者なれは 其子は親に優り又其子も
親に優り遂に俊傑を生は必せり 童子は婦人に関係ある事多けれは
婦人賢にして教由る 愚にして[illegible]
[illegible]

13　山本覚馬『管見』（山本覚馬建白）

まえがき——会津人から見た新島八重

NHKの平成二十五（二〇一三）年の大河ドラマが、会津藩士の娘である新島八重《にいじまやえ》を主役にした「八重の桜」に決まりました。三月十一日の東日本大震災で、福島県を始めとして、東日本が壊滅的な打撃を受けましたが、それへの配慮がNHKにあったようです。

ただし、第一報を聞いたときには、会津人の私には、「新島八重」というよりも、「山本八重子」で通っていますから、もう一つピンときませんでした。「新島八重」というのは、京都サイド、つまり同志社から見た名前であって、私どもの白虎隊《びゃっこたい》記念館だけでなく、会津若松市の冊子でも、「山本八重子」と記述されていますから、若干違和感がありました。

しかし、全国的には、同志社の創立者新島襄《じょう》の奥さんということで、「新島八重」の方が、通りやすいんだと思います。さらに、名前にとどまらずに、会津と京都では、八重についてのイメージが違っているのでは、という思いがしてきました。明治四年に京都に行き、明治八年には新島襄と結婚してクリスチャンになりましたから、会津藩の教えと一緒で、ならぬことはならぬという精神で、敬虔なクリスチャンになったとばかり、私は思い込んでいました。

今回、本井康博同志社大学教授と対談できたことは、それだけに、私にとって一つの大きな事件でした。「山本八重子」が「新島八重」となっても、最後まで会津人であった、ということを知ったからです。彼女は会津を離れたくなかったのではないか、という気がしてなりませんでした。

八重は敗者となったことで、故郷を去るしかなかったのですが、京都でどうであったかについて、本井教授に色々とお話を聞かせていただきました。そして、幕末から昭和まで、いくら悲しいことがあったとしても、健気に明るく生きた一人の女性として、私の前に立ち現れたのでした。ＮＨＫの大河ドラマでも、きっと私の抱いたイメージを尊重してくれるのではないかと思います。

早川廣中

増補改訂　新島八重と夫、襄　目次

第1部　新島八重・襄と山本覚馬

新島八重・襄・覚馬略年譜

西暦年	元号年	新島八重	新島　襄	山本覚馬
1826	文政9			2月25日(新暦)、会津藩士・山本権八と佐久の長男として会津若松米代四ノ丁に生まれる。
1836	天保7			会津藩校・日新館に入る。
1843	天保14		2月12日(新暦)、上州安中藩祐筆・新島民治ととみの長男として江戸神田一ツ橋の安中藩邸で生まれる。	
1845	弘化2	12月1日(新暦)、会津藩士・山本権八と佐久の子として会津若松米代四ノ丁に生まれる。		
1850	嘉永3			江戸に赴き、佐久間象山の塾に入る。武田斐三郎、勝海舟とも交流する。
1852	嘉永5			再度、江戸に出て、大木哀

				域（忠益）から蘭学を学ぶ。
1856	安政3		藩主板倉勝明に抜擢され、田島順輔に蘭学を習う。	会津に戻り、日新館で砲術などを教える。蘭学所を設け、教授となる。
1860	安政7 万延元		幕府の軍艦教授所（軍艦操練所）で数学・航海術を学ぶ。	
1863	文久3		英学を始める。	
1864	文久4 元治元		アメリカ商船で函館から密出国。	京都守護職に就任した藩主（松平容保）に従い上洛。蛤御門の変では、砲兵隊を率いて、長州藩と戦う。
1865	元治2 慶応元	但馬・出石藩士（蘭学者で砲術家）の川崎尚之助と結婚。	7月20日、ボストンに入港。	
1866	慶応2		アンドーヴァー神学校付属教会で洗礼を受ける。	眼の治療と鉄砲の買い付けのため、長崎に赴き、外国人医師（A・J・ボードウィン）、商人（カール・レーマン）に接触。

西暦年	元号年	新島八重	新島襄	山本覚馬
1868	慶応4 明治元	戊辰戦争（鳥羽伏見の戦）で兄・覚馬は幽囚、弟・三郎は戦死。戊辰戦争（会津戦争）で鶴ケ城に籠城し、藩主・松平容保のために西軍と戦う。男装し、スペンサー銃と大砲を操った。父、一ノ堰で戦死。敗戦後、夫の川崎は東京に送られ、離別を余儀なくされる。		鳥羽伏見の戦で、洛東・蹴上において薩摩軍に捕らえられ、薩摩藩邸に幽囚。
1869	明治2			幽囚中、『管見』（山本覚馬建白）を口述筆記させ、薩摩藩に差し出す。京都府顧問に就任（1877年、解職）。
1870	明治3		アーモスト大学で理学士の学位を受ける。	
1871	明治4	母（佐久）、姪（峰）と兄を頼って入洛		
1872	明治5	覚馬の建策で生まれた女紅場に権舎長兼教導試補として就	岩倉使節団に三等書記官心得、理事官随行として協力	京都博覧会開催（以後、毎春）。阪神地方から入洛し

		職。	することが決定。	た宣教師と接触し、毎春、キリスト教を学ぶ。八重にも英語とキリスト教を学ぶことを勧める。
1874	明治7		アメリカン・ボード日本ミッションの準宣教師に任命される。アンドーヴァー神学校卒業。11月26日、横浜入港。	
1875	明治8	10月、新島襄と婚約。11月、それに伴い、女紅場教員を解職。	4月、京都で槇村正直京都府大参事(後に知事)や山本覚馬らと面談。覚馬から学校を京都に「誘致」される。8月に覚馬と共同で私塾開業願いを京都府に提出。11月に同志社英学校開校。社員(理事)は、新島と覚馬のみ。	新島襄の訪問を受け、キリスト教学校設立の支援を約束。校地として、開拓会社所有の薩摩藩邸跡地の払い下げを斡旋する。

西暦年	元号年	新島八重	新島襄	山本覚馬
1876	明治9	1月2日、プロテスタントの洗礼を受け、翌日、新島と結婚。一時、私宅で女子塾を開く。のち、宣教師が開いた女子塾を手伝う。12月新島家に設けられた教会（初代牧師は新島）に教会員として加入（以後、永眠まで）。		
1877	明治10	宣教師の女子塾が同志社女学校となる。母と手伝う。		
1878	明治11		自宅（「新島旧邸」として現存）を新築し、引っ越す。	
1879	明治12			京都府議会を開設。初代議長に就任（1880年まで）。
1882	明治15	夏に新島と会津若松を訪ねる。	同志社英学校を大学に昇格させる運動に着手。	京都商工会議所を設立（1885年に二代目の会頭に就任）。
1884	明治17			新島の二度目の欧米旅行中、校長代理。

1885	明治18			夫人(時栄)と共に同志社の宣教師から洗礼を受ける。
1890	明治23	新島、永眠。	1月23日、急性腹膜炎で永眠。享年46歳。27日、同志社チャペルでの葬儀後、洛東・若王子山頂に埋葬	新島の死去に伴い、臨時総長。
1891	明治24	日本赤十字社に加入(のち、幹事)。		
1892	明治25			12月28日、自宅(河原町三条上ル)で永眠。享年66歳。同志社チャペルでの葬儀後、洛東・若王子山頂に埋葬。
1895	明治28	日清戦争中、広島で篤志看護婦。のち、宝冠章を受章。		
1905	明治38	日露戦争中、大阪で篤志看護婦。		
1924	大正13	同志社女学校視察の貞明皇后と面談。		
1931	昭和6	会津若松の山本家菩提寺(大龍寺)に山本家の墓を建てる。		

西暦年	元号年	新島八重	新島襄	山本覚馬
1932	昭和7	6月14日、急性胆のう炎により、自宅で永眠。享年86歳。17日、同志社校葬(社葬)後、洛東・若王子山頂に埋葬。		

会津烈婦新島八重略伝

笠井　尚

新政府軍来襲と八重

新島八重の八十六歳の生涯において、もっとも鮮烈な印象として残っていたのは、やはり会津戦争であったようです。それだけに、晩年になってからの話題は、決まってその時の思い出話でした。

会津戦争のときの八重は二十四歳になっていましたので、それ以前に、兄山本覚馬《かくま》から、銃や大砲の撃ち方の手ほどきを受けていました。男と変わらない教育が施されたのは、会津藩の開明派であった兄覚馬の影響を無視することはできません。

八重がスペンサー銃を手にして戦ったことや、大砲隊を指揮した逸話が語り草になっていますが、単なる男勝りというよりも、洋学へ目が開かれていたために、武器に関心を持ったのです。会津の婦女子の多くが、薙刀《なぎなた》を手にしていたなかで、八重はあくまでも例外中の例外でした。だからこそ、なおさら目立ったに違いありません。

明治四十二年（一九〇九）十一月に発行された『婦人世界』のなかで、籠城戦について、「男装して会津（若松）城に入りたる当時の苦心」という題で、八重自身がインタビューに答えています。「私の実家は会津候の砲術師範役でございましたので、御承知の八月二十三日、愈々《いよいよ》立籠もることになりました時、私は着物も袴もすべて男装して、麻の草履を穿《は》き、両刀を手挟んで、元込七連発銃を肩に担いでまいりました」と当時を回想するとともに、「他の婦人は薙刀を持っておりましたが、家が砲術師範で、私もその方の心得が少々ございましたから、鉄砲にいたしたのでございます」とわざわざ断っています。

その着物や袴というのは、鳥羽伏見の戦いで弟の三郎が討死したおりの形見で、それを着て、「一は主君のため、一は弟のため」という決意で、若松城に入ったのです。その際に八重は、壮絶な光景を目にしたのでした。「ある御婦人などは、白無垢に生々しい血潮の滴っているのを着ておられました。それは多分家族に卑怯者があって、城中に入って戦うのは厭だという者を手に掛けて、その足で参られたのでございましょう」。殺気だっている様子を目にしながら、少しも動ずることのない八重というのは、烈婦と呼ぶにふさわしい女性であったのです。

さらに、昭和三年（一九二八）に飯盛山《いいもりやま》に建立された山川健次郎撰の「会津藩殉難烈婦碑」には、「戊辰の国難に我が藩の白虎隊士等少年の忠死とは世之を称して、会津藩の雙璧と云ふ」と文面が刻まれているように、会津藩では、婦人であっても、君国の危急に際して、死を恐れず毅然として起つという精神が漲《みなぎ》っていたのです。

慶応四年（一八六八）八月二十三日は、会津にとって忘れることができない長い一日となりました。会津藩の精兵が四方の国境に散って手薄になったところを、新政府軍が一挙に若松城下を突いたのです。平石弁蔵の『会津戊辰戦争』では「奥羽第一の激戦にして、会藩士の戦死せるもの実に四百六十余名、其他市民の死せるもの少なからず、此他藩士の難に殉せるもの約二百三十余名の多きに達し、惨憺《さんたん》たる凄愴《せいそう》の状聞くものをして其壮烈に泣かしむるものあり」と書き記しています。

前日の朝には、十五歳以上から六十歳までの男子はお城に詰めるように、夜になってからは、お城の西の割り場の鐘を合図に、婦女子はお城に入るように、との家並み触れが出されたのでした。

敵襲を告げるその鐘が鳴ったのは、二十三日朝の午前七時頃のことでした。それから後は、若松城下は阿鼻叫喚《あびきょうかん》の地獄と化したのです。神崎清は『会津戦争婦人隊顚末記』のなかで、八重の獅子《しし》奮迅《ふんじん》の活躍に触れています。「この累卵の危機に臨んだ八重子は、砲兵隊に加って、四斤山砲を最前線たる北出丸に据え、塁上土塀の下の大石を濠に突き落として、砲身を容れるだけの穴をあけ、土砂を詰めた鎧櫃を並べて胸壁として、そこから肉薄してくる官軍を瞰射して撃退した。その結果、官軍の攻勢が鈍って、持久戦に入ったので、会津軍も陣容を立直すことができたのであった。八重子らが突き落とした石は、今も残っていて、涸水期になると、濠の水の上に姿を現す、ということだ」。

藩公の前で敵の砲弾を説明

八重がどのように戦ったかについては、八重自身があまり語っていないので、推測の域を出ませんが、一つの手がかりを与えてくれるのは、松平容保《かたもり》の小姓《こしょう》であった井深梶之助の証言です。昭和七年（一九三二）二月に発行された『同志社交友同窓会報』に寄稿したもので、天守閣付近の黒金門での出来事として、八重の天晴《あっぱ》れな様を取り上げたのでした。「某日包囲攻撃が最も猛烈であって、砲弾が四方八方から飛来爆発した時のこと、一人の妙齢の女丈夫が藩公の御前に召されて、敵軍から間断なく打ち込み来る所の砲弾について説明を申し上げたのであった。その砲弾は四斤砲と称して当時においては新式の利器であったのであるが、前述の妙齢の女丈夫は、敵軍から打ち込んだが着発しなかった一弾を携え来たって、君公の御前に立て、これを分解して、その中に盛られた数多の地紙型の鉄片を取り出して、此砲弾が着発すれば、此鉄片が四方に散乱して、多大の害を及ぼす云々と、極めて冷静に、且、流暢に説明して四座を驚かした」。

驚くべきことに井深は、八重が男子の軍装で、断髪であったことまでも克明に覚えていたのでした。それらの事実からも、夫の川崎尚之助と一緒に、砲撃戦に従事したことは確かです。

小川渉の『会津藩教育考』では、川崎について「安政四年（一八五七）山本覚馬、南摩綱紀、蘭学の教授たりしが、木村文裕というもの隣村白川にありしを聘して教授を託せられ、暫くありて川崎尚斎来りて文裕は去り尚斎を専ら教授を任ぜしめられ」と記述していますが、十年以上も前に会津の土を踏んだのでした。そして、慶応元年（一八六五）に八重と結婚していたのでした。

もちろん、八重は女性でしたから、女たちがかいがいしく動き回っているのも、無視したわけではありません。飯を炊くこと、弾丸を作ること、負傷者の看護をすることが役目でした。とくに、大変であったのは、兵隊たちの食事の準備です。炊き立ての御飯が熱くて、手の皮がむけそうになっても、水を付けて女たちは必死に握ったのでした。水の中に落ちた御飯も捨てはしません。それはお粥にして、負傷者に食べさせました。そして、黒くこげたところや、土に落ちた御飯を集めて、それを女たちが食べたのです。

弾丸を弾丸方に運ぶのも、力仕事なので、八重にとってはお手の物でした。しかも、気がたっているせいか、平日であれば、一箱でも大変なのに、二箱も三箱も肩に担いだというのですから、まさしく火事場の馬鹿力です。それでも、「私は十三歳のとき、四斗俵を肩に上げ下げしました」（『婦人世界』）と自慢している位ですから、八重はへこたれることはありませんでした。

入城時の八重の立場は、側女中見習いでしたが、二十五日には側女中格になりました。そのときのことです。十三、四歳のあどけない子供たちの調練を見たのは。その子供たちに「お八重様。戦争をするのなら、連れて行って下さい」とせがまれたのでした。一度にどっとすがりつかれたので、八重も戸惑ってしまいましたが、子供たちの一途な思いに、涙がこぼれてならず、「戦争の時は知らせて上げるから、それまでは大人しく待っておいでなさい」と言うのが精一杯でした。いくら八重が側女中格であっても、その服装や振る舞いなどから、違った目で見られていたので、子供たちも、ついつい懇願したのでしょう。

もう一つ八重のエピソードとして忘れてならないのは、白虎隊士中二番隊の少年たちに、銃の撃ち方の指導をしたことです。八重の生家は、会津藩校日新館近くの米代《よねだい》四ノ丁で、その東隣りが、飯盛山で十九士の一人として自刃《じじん》した伊東悌次郎の家です。早乙女貢の大作『会津士魂・十二白虎隊の悲歌』でも、八重の遺談として「妾は兄覚馬から砲術や小銃を習ったが、白虎隊の伊東悌次郎は小銃習いによくきた。物置からゲーベル銃を出して教えました。彼は最初は雷管の音に目をつぶりましたが、オクビョーと妾にしかられてからは目をつぶらぬようになりました」と語っているのを、わざわざ紹介しています。

その遺談の出所というのは、前白虎隊記念館長である早川喜代次の『史実会津白虎隊』です。『会津戊辰戦争』の著者である平石弁蔵が、その本を書くにあたって、八重に質問したのに対して、返書が戻ってきたのでした。その文章があったことで、八重と白虎隊の少年たちとの交流が、詳しく分かったのでした。さらに、その返書では、悌次郎の頭髪が長くて不便と思い短く切ってやって、母親の佐久に叱られたとか、外の白虎隊士が数名来ていたことなども述べられています。

降伏前日詠んだ歌が後世に伝わる

明治元年（一八六八）九月二十二日、降伏した日のことも、同じインタビューのなかで八重は、昨日のことのように述懐しています。「当日のことを考えると残念で、今でも腕を扼《やく》したくなります」と悔しがったのでした。城中はひっそりとしていましたが、道路上に並べられていた葵の御紋の提灯が、ことごとく揚げ羽の蝶の提灯に変わったのを見て、怒りに打ち震えたのでした。そして、「妾が歌を書きましたのは、此夜の十二時頃で、月は物凄いように輝いていました」という月明かりのなかで八重は、次の歌を詠み、三の丸の雑物庫の白壁に簪《かんざし》で書き記したのです。

あすの夜はいづくの誰かながむらむ
　馴れしみ空に残す月影

原型はその歌でしたが、それが流布されるにつれて、平石弁蔵の『会津戊辰戦争』（改訂増補第四版）では

明日よりは何処の人か眺むらん
　なれし大城にのこる月影

と変わっており、平石はわざわざ「近年八重子の書かれたる句とは相違の点あるも、古来口碑に貽《のこ》れるまゝを掲く」と断っています。

また、東海散士も『佳人之奇遇』において、「又、一婦あり月明に乗じ笄を以て国歌を城中の白壁に刻して曰く」とその歌のことを紹介しています。

会津藩の降伏は、八重にとっても痛恨の極みでした。その上に、玄武士中伊与田隊に属していた父権八も、降伏間近の九月十七日に一ノ堰で戦死しています。

開城後の八重の行動も、籠城戦の延長でした。婦女子と六十歳以上、十四歳以下の者はおかまいなしであったのに、八重はあくまでも男で通そうとしたのです。城内の武士は猪苗代に、城外の武士は塩川に謹慎を命じられましたが、八重は弟の山本三郎になりすまし、検査をパスし、猪苗代に向かいました。このため、西軍の兵士から囃し立てられたのです。

「途中、西軍の雑兵共が妾を見て『ア、、女郎がいる……女郎が行く……』と叫びつつ随《つ》いて来るので、うるさくてたまらず、隊の右に移り、左に転じ、或いは列中に入りなどして、ようやく猪苗代に着きました。途中多くの死屍を見ましたが、誠に気の毒とも何とも申しようもなく、感慨無量でありました」(『会津戊辰戦争』)と述懐しています。

さらに、そこに待ち受けていたのは、会津藩の滅亡ばかりではありませんでした。夫尚之助との短い結婚生活にもピリオドを打つことになったのです。城内にいた会津藩士の幹部がそうであったように、尚之助は東京に送られたのでした。

八重に多大の影響を与えた兄覚馬

八重は弘化二年（一八四五）、若松城下の米代四ノ丁で、父権八、母佐久の三女として呱々《ここ》の声を上げました。兄の覚馬は文政十一年（一八二八）に生まれており、十七歳の年の差があり、実際は二歳年下の弟三郎と一緒に育ちました。

会津藩の上級武士を対象にした『諸士系譜』によると、山本家は三代藩主松平正容のときに、御用人支配として取り立てられた山本佐平良永が祖にあたります。その父親の山本道珍良次は、百五十石取の茶道頭として、会津藩の祖である保科正之に仕えていましたが、良永は新たに分家として出たのでした。

山本覚馬伝の基本文献になっている青山霞村の『山本覚馬』では、山本家に関して「家の格式は黒紐席といって上士であったが、禄は極めて薄く十人扶持《ぶち》に過ぎなかったので、幼児から辛酸を舐め、困苦の中に成長せられた」と記述しており、裕福な家ではありません。

八重が男勝りであったのには、兄覚馬の豪放磊落《らいらく》を受け継いだからです。当初は武人として名を残そうとしたのか、覚馬はかぶき者を地で行くような面がありました。砲術を通して洋学に目が開かれる前は、「頭には総髪の大束髪《そくはつ》を戴き、月代《さかやき》は剃らず、ツンツルテンの袴を穿《うが》ち、木綿のブッサキ羽織を着し、腰には大刀造りの大剣を帯び、鉄扇を手にして闊歩せられたさま、威風堂々人を圧する趣があったと伝えられている」（青山霞村著『山本覚馬』）ほどです。

しかし、覚馬は武だけではありませんでした。嘉永六年（一八五三）夏、砲術の師であった林権助が江戸へ出府を命じられ、覚馬も随行したことで、新しい世界に触れることができたのです。とくに、洋式砲術については「当時江戸ではすでに洋式の砲術が行われて居って、これを教授するものもあったので先生は彼等の門を叩いてこれが習得に努め、自ら銃砲の鋳造製作まで実習しその実用を企画された」（『同』）というように、実際に自分でやってみたのでした。

さらに、覚馬がすごいのは、洋式の兵学をマスターしようとしたことです。このために、先覚江川太郎左衛門、佐久間修理（象山）、勝麟太郎（海舟）等を歴訪してその説を聴き、洋式兵術を講ずるには原書に就かなければならぬと悟って、大木衷城の門に入り、日夜アベセー（ＡＢＣ）の誦読に力を注ぎましたが、晩学のせいもあって、語学を身に付けることはできませんでした。しかし、翻訳本や耳学問によって、操練を学んだほか、射撃も精妙を極め、ゲーベル銃で、三百メートルの距離から百中八十五まで的中する腕前で、自ら着発銃を発明したのです。

そうした実績を手に、会津に帰国した覚馬は早速、藩校日新館の教授に就任すると同時に、時代遅れの火縄銃の廃止などを会津藩の上層部に提案し、「言頗《すこぶ》る激説忌諱に触れ、禁足に処せらる、こと一年」（『若松市史』・下巻）といったときもありましたが、時代が覚馬を必要としていたこともあって、覚馬は容保から軍事取調役兼大砲頭取に任じられ、京都在勤を命ぜられたのです。風雲急を告げる元治《げんじ》元年（一八六四）二月のことでした。

それ以前の文久二年（一八六二）から会津藩主松平容保は京都守護職に任命され、同三年には、長州藩を都から追い落とした八・一八の政変が勃発し、そこで会津藩は中心的な役割を果たしたのでした。そして、在勤前の文久三年十一月に覚馬は「守四門両戸之策」を藩に献じ、容保のブレーンとしての地位を固めたのでした。

元治元年七月十八日の蛤《はまぐり》御門《ごもん》の変で覚馬は、大砲隊を指揮して、京都に攻め込んだ長州藩を壊滅に追い込みました。そして、新たに公用人《こうようにん》として抜擢され、諸藩の名士と交わりを持つことになったのです。そのときにはまだ、覚馬の目は明かりを失ってはいなかったと思われます。

ただ、その直前の七月十一日、師であった佐久間象山が、討幕派によって暗殺されています。まだ、その時はまだ覚馬は公用人ではありませんでしたが、頻繁に象山の元を訪ねていただけに、衝撃は大きいものがありました。

公用人になってからの覚馬は、活動範囲を広げるとともに、京都に滞在する会津藩士を中心にした洋学所を、西洞院長者町上ル西側の一向宗の寺を借りて開設するなど、教育者としての面目も保ち続けました。

覚馬にとって一大転機となったのは、慶応四年（一八六八）一月三日勃発した鳥羽伏見の戦いでした。会津藩に利あらずと説き続けた覚馬は、一貫して非戦を主張しました。その一方薩長に対しては、会津藩を討つことは、国内を分裂させ、西洋列強に漁夫の利をさらわれる、と説得に努めたのです。最後の最後まで覚馬は、独りで京都に留まろうとしたのです。しかし、それはかなえられませんでした。旧幕府軍が大阪から攻め込んでくるという事態になったので、それではと重い腰を上げたのでした。だが、すでに戦いが勃発して大阪への道が塞がれ、京都に戻ろうとするところを、薩摩兵に捕縛されてしまったのでした。

それ以降、薩摩藩邸に幽閉されることになりましたが、そこでの日々を無為に過ごすことなく、薩摩藩主に献じるために、『管見』を口述し、それを会津藩士の野沢雞一《けいいち》が筆記したのでした。この時点では、覚馬は完全に失明し、闇に向かって語るしか手はなくなっていたのですが、覚馬の『管見』の思想は、立憲君主国のわが国を先取りしたものであるばかりか、婦人への教育の大切さも盛り込まれており、開明的な内容からなっています。

（本書第3部に『管見』全文が収録されている）

京都で新天地求めた八重

八重や、母佐久、覚馬の先妻うらの娘、峰が京都に出たのは明治四年（一八七一）十月のことです。うらがなぜ会津にとどまったのか、そして、それまでの期間、八重たちはどこで生活していたかについて、まったく謎とされていました。これまでは、奉公人に来ていた者か、農家の出入りの者の世話になって、八重も真っ黒になって働いていたといわれてきましたが、最近になって、一時期、米沢にも移り住んでいたことが明らかになっています。

覚馬の『管見』によって、薩摩藩は多くの示唆を受けたようで、松本健一の『幕末畸人伝』によると、「釈放されたのは、一年あまり後の明治二年になってからであった。正確な日付はわからないが、明治天皇が東京へと遷っていった三月七日以降のことではないだろうか」と推察していますから、早い段階で自由の身になったのでした。

このあとの覚馬に関しては、松本が詳しく調べています。明治二年七月までは兵武省の前身である軍務官に仮所属、それ以降は、兵部省食客という身分に落ち着いたのでした。覚馬が真価を発揮するのは、油小路の自宅に舞い戻ってから、たった一人で政治や経済学を講義してからです。身の回りを世話する二度目の妻小田時栄に助けられて、憂国の士として若者に訴えたのです。

この講義所から、近代京都を担った人材が数多く出たのでした。そして、当時の京都で絶大な権限を握っていた権大参事の槇村正直に見込まれて、京都府顧問に就任したのが明治三年三月二十八日のことです。住まいも河原町に移り、京都での地位を揺るぎないものにしていったのでした。覚馬に持ち込まれたのは、最初は産業の振興が中心でしたが、そのうちに徐々に、教育の方にスタンスが移っていきました。

母や妹や娘を引き取ることができたのは、受け入れるだけの環境が整備されていたからです。そして、三人が京都の土を踏んだ一年後の明治五年四月十四日には土手町丸太町下ルの九条公の旧邸に女紅場《にょこうば》が設立され、権舎長兼教導試補として、八重は活躍の場を得たのでした。

襄の早すぎた死と八重の晩年

八重にとって人生で二番目に大きな出来事というのは、同志社の創設者であり、夫となる新島襄との運命的な出会いです。そこの仲立ちをするのも兄の覚馬です。ただし、新島を覚馬に紹介したのは誰かというと、色々な見方があります。松本は「明治七年（一八七四）にアメリカから帰国したばかりの新島襄に覚馬を紹介したのは、勝海舟であるといわれる」と言及していますが、断言はしておらず、その一方では「それ以前に新島は、アメリカで岩倉訪欧使節団の一員だった木戸孝允《たかよし》と識りあっており、木戸から槙村知事も紹介されていた」との伏線もはってはいますから、勝にこだわっていないようです。

どちらにせよ、明治七年に覚馬と襄は会うなり意気投合したのでした。京都にキリスト教系の学校をつくることにも、まったく覚馬は違和感を示しませんでした。それと比べると、明治八年（一八七五）四月の八重と襄との初めての出会いは、「或る日のこと、何時もの通りゴルドンさんのお宅へ、馬太伝を読みに参りますと、ちょうど、そこへ襄が参っておりまして、玄関で靴を磨いて居りました。私はゴルドンさんのボーイが、ゴルドンさんの靴を磨いているのだと思いましたから、別に挨拶もしないで中に通りました」（『新島八重子回想録』）とあまりにも素っ気ないものでした。

しかし、襄にとっては、かしずかれるよりは、個性的な女性に心惹かれたのです。父民治にあてた手紙では「唯、心の好きものにして学問のある者」と結婚を望んでいたのでした。それは反面、誤解を招くことにもなりますが、あくまでも二人の問題でした。その時点ではすでに、前の夫である尚之助の死の報は、八重の耳にも入っていましたので、兄覚馬の勧めに素直に従ったのです。

明治九年一月二日に京都御苑内のJ・D・デイヴィス邸内において、デイヴィスから京都で初めてのプロテスタントの洗礼を受け、翌日の襄との結婚式も、キリスト教にのっとって、京都で初めて行われたのでした。

会津を遠く離れてしまった八重が、夫の襄と共に若松を訪れたのは、明治十五年（一八八二）七月二十七日のことです。横井小楠《しょうなん》の長男である横井時雄と、その妻で覚馬の娘である峰も一緒でした。襄にとっては、それは初めての会津訪問でした。そこで注目されるのは、襄と時雄が米沢まで足を延ばしていることです。米沢の甘糟家の人たちは、八重の前夫の尚之助から砲術の指導を受けており、かなり懇意の間柄だったからだともいわれます。

会津旅行以外でも、襄のお供を八重はしました。ときには伝道に付き添うこともありましたが、静養の場合もありました。襄は心臓病を抱えていたからです。襄の病気が悪化したのは、明治二十三年（一八九〇）一月になってからです。十九日に大磯で静養中の襄の病状悪化を電報で告げられた八重は、二十日には京都から到着し、一月二十三日の臨終の際には、八重の腕の中で、襄は「グットバイ、また会わん。」と言い残して息絶えたのでした。

すでに母親の佐久も兄の覚馬もこの世の人ではありませんでした。八重はそれから独りで四十余年間を過ごしたのです。前半生が波乱万丈に満ちたものであっただけに、好きなお茶に専念できた静かな日々であったと思われます。そんななかで、大正十三年（一九二四）十二月、貞明皇后陛下が、同志社女学校行啓《ぎょうけい》のおり、八重だけが単独での拝謁を許され、親しくあり難き御詞を賜わったのでした。それは同志社の誉れであると同時に、逆賊の汚名を着せられた会津藩の者として、感激のあまり八重は号泣したといわれます。

八重が永眠したのは昭和七年（一九三二）六月十四日でした。自らの死をあらかじめ悟っていたかのように、その前年に、京都市若王子《にゃくおうじ》の新島家墓地は同志社に委任するとともに、山本家の墓を、会津若松市慶山の大龍寺に建立したのでした。

（かさい・たかし／日本近代思想史研究家）

［参考・引用文献］

新島八重談「男装して会津城に入りたる当時の苦心」（『婦人世界』、明治42年12月号）
新島八重著『新島八重子回想録』（大空社、平成8年10月）
平石弁三著『会津戊辰戦争』（丸八商店出版部、昭和2年12月5日改訂増補第三版）
『若松市史・下巻』（若松市役所編纂、昭和16年）
小川渉著『会津藩教育考』（井田書店、昭和17年）
松本健一著『幕末畸人伝』（文藝春秋、平成8年）
青山霞村著『山本覚馬伝』（同志社、昭和3年）
早川喜代次『史実会津白虎隊』（新人物往来社、昭和51年）
神崎清著「会津戦争婦人隊士顛末記」（『新女苑』、昭和14年10月号）

新島襄と八重が暮らした日々と街

本井康博

八重が咲く

まもなく、八重《やえ》が満開です。楽しみです。ですが、世の中は、「八重って？」です。八重は、けっしてビッグではない。いや、むしろマイナーです。

新島八重は、出身地の会津でも、とくに知名度が高いとも、思えません。まもなくデビューいたします。これまで楽屋で満を持して出番を待っていた役者であるかのように、NHK大河ドラマ、「八重の桜」で二〇一三年に全国で放映されます。

実は、NHKでは、二度目のデビューです。前回は、「歴史秘話ヒストリア」（二〇〇九年四月）という番組でした。「悪妻伝説　初代ハンサム・ウーマン、新島八重の生涯」というタイトルで紹介されました。

この時は、八重はおもに新島襄《じょう》の妻として描かれました。ですから、メインステージは会津ではなく、京都でした。新島が京都に設立した同志社の学生たちから、「悪妻」呼ばわりされたことが、「悪妻伝説」の始まりとされました。けれども、「悪妻」は見かけにすぎない、彼女の本質は、「ハンサム・ウーマン」にある、というのが、番組の狙いでした。とても上手な作りです。

今度は東北大震災と原発被害に苦しむ福島を盛り上げるために、八重は県人代表に抜擢されました。「福島を元気に」というＮＨＫの英断によって、八重が華々しく開花しようとしています。たしかに、彼女の先駆的な働きや男勝りの生き方は、多くの人に人生を切り開き、雄々しく生きる力を与えてくれるに違いありません。

会津の生誕記念碑

八重（一八四五年～一九三二年）は、長命でした。享年は八十六。夫の新島襄（一八四三年～一八九〇年）が四十六歳で死去した後、独居生活は四十二年にも及びます。

出身は会津、生誕地は米代《よねだい》二丁目です。鶴ケ城の近くです。同志社は、同地の宮崎十三《とみ》八氏《はち》が敷地の一部（玄関先の一坪）を提供されたのを受けて、誕生地に碑を建立しました。

最近、竹内力雄氏等の調査で、ポイントがちょっとずれていることが判明しましたので、今年（二〇一一年）の夏、案内板の末尾を次のように書き直しました。

「なお、この碑は、この近辺にあった山本家の旧宅を記念するため、宮崎家のご支援を得て建立し、一九八九年五月三〇日に除幕した」。

会津から米沢へ

これまでは、京都に転出するまで、八重はここで暮らした、とされてきました。八十六年の生涯の内訳は、会津で二十六年、京都に六十一年、というわけです。ところが、ごく最近、戊辰戦争後に米沢（山形県）へ移住していたことが、明らかになりました。野口信一氏（会津歴史考房主宰）が、同志社大学ＨＰの「新島八重と同志社」に「新事実・米沢にいた？八重」（二〇一一年十一月十日）と題して、初めて紹介されました。

それによれば、京都に移る年（一八七一年）の戸籍に、米沢藩士の内藤新一郎方に一族四人（全員女性）が身を寄せて「出稼ぎ」（要するに寄留）している、とあります。しかも、八重の身分は「川崎尚之助《しょうのすけ》妻」のままです。最初の夫である川崎が、会津藩士であった記録も発見された、といいます。となれば、これまでの離婚要因は、再検討を迫られることになりそうです。

結婚と従軍

八重にとって、会津時代のビッグイベントは、戊辰戦争（会津戦争）と結婚です。会津戦争では、彼女は薩摩、長州、土佐を主力とする「西軍」を相手に、鶴ケ城に立て籠もって果敢に銃撃戦を挑みました。砲術家の家に生まれた八重は、早くから鉄砲と大砲を操ることができたのです。父（権八）と弟（三郎）を殺された相手に対して、弔い合戦を挑《いど》みました。世にいう「幕末のジャンヌ・ダルク」の働きです。

一方の結婚は、兄の山本覚馬《かくま》が会津に招いた洋学者、川崎が相手です。彼は、但馬出石《たじまいずし》藩（現兵庫県）の出身であったために、敗戦後、別離（離婚）を強いられた、とされてきました。しかし、川崎が会津藩士に取り立てられていたとすると、離婚の要因は別のところにあることになります。江戸へ戻った川崎の動向ともども、最初の夫に関しては、まだまだ謎が多すぎます。会津藩士として亡くなったのなら、彼の墓が会津ゆかりの寺院（浅草）にあるのも、納得できます。

山形から京都へ

米沢へ疎開していた八重は、京都の戊辰戦争（鳥羽伏見の戦）で戦死したと思われた兄が、京都で生き延びていることを知らされます。それで、一八七一年十月、米沢での「出稼ぎ生活」を切り上げ、兄を頼って京都に向かいます。

母、姪と入洛《じゅらく》し、兄一家と同居します。結局、米沢での生活は、一年余りで終った、と考えられます。女性だけ、しかも流浪の地では生計の見通しが、たたなかったであろうと推測されます。といって、戦争で焼け払われた会津に戻っても、事情は同じだったはずです。京都への転出は、最後の切札《きりふだ》であったと思われます。

覚馬は、京都では河原町御池《おいけ》の交差点の辺り、今は御池通り（戦時中に拡幅された）に一家を構えていました。新門辰五郎の旧宅です。新門と言えば、江戸で名の知れた火消、侠客《きょうかく》で、幕末、治安を守るために将軍より京都に呼ばれました。彼が江戸に戻った後、その家を購入したのが、覚馬でした。

覚馬宅のすぐ裏は、槇村正直《まきむらまさなお》（実質的な府知事）の住宅です。槇村は、足と眼が不自由な山本を自分の方から訪ねて、京都府顧問（知事のブレーン）である「山本先生」に相談を持ちかけることが多かったといいます。

ついで、翌年（一八七二年）、覚馬の建策と思われる女紅場《にょこうば》（現府立鴨沂《おうき》高等学校）が市内九条邸（丸太町大橋西詰め）に開設されます。開校と同時に、八重は教員（権舎長《ごんしゃちょう》兼教導試補）に任ぜられました。この学校は、日本初の女学校と言われました。八重は女子寄宿舎に住み込み、作法などを教えるかたわら、寮母の働きをします。キャリア・ウーマンのはしりです。

その三年後の一八七五年十月、八重はアメリカ帰りの新島襄と婚約をします。

新島襄

新島は、江戸（神田一ツ橋《ひとつばし》）の生まれです。父親（民治《たみじ》）が上州安中《あんなか》藩の祐筆《ゆうひつ》であったので、戸籍的には群馬県人です。生育的には江戸っ子の彼が、どうして京都で八重と巡り合えたのでしょうか。

新島は二十一歳の時に、それまでの不自由な藩邸生活や窮屈な封建社会を嫌い、自由を求めて、品川から函館へ行き、そこから密出国します。海外生活は十年に及びます。そのうち、八年間がアメリカ留学です。渡米直後に洗礼を受け、最後は神学校（大学院）まで行って、牧師となります。帰国時には、ボストンのミッション（アメリカン・ボード）から宣教師に任命され、日本伝道のために日本に送り返される形をとって、帰国します。

山本覚馬との出会い

ミッションから指示された伝道赴任地は、大阪でした。先輩宣教師の借家に寄宿しながら、新島は生まれたばかりの日本人教会の伝道を助けます。そのかたわら、念願のキリスト教学校の設立に向けて努力します。

が、あと一歩のところで叶いませんでした。失意のうちにふらりと観光に出かけた京都で山本覚馬に紹介され、意気投合します。運命的な出会いでした。

覚馬は、仕えていた藩主・松平容保《かたもり》が、幕府により新設された京都守護職（一八六二年）に任じられたために、一八六四年に京都に入っていました。すぐに戊辰戦争（鳥羽伏見の戦い）が勃発し、会津藩は敗戦の憂き目に遭います。覚馬は、薩摩藩に捕獲され、薩摩藩邸に幽閉されました。この間、目と脊髄をやられて、失明し、歩行できない身体障害者となります。

しかし、幽閉中に作成した『管見《かんけん》』という建白書が、彼の開明性を立証するところとなり、京都府に取りたてられて、知事顧問となります。覚馬から誘致される形で、新島は一八七五年に同志社英学校（男子校）を思いがけなくも京都に開くことができました。さいわい、神戸にいたJ・D・デイヴィスなどの同僚宣教師の協力も得られました。

ハンサム・ウーマン

八重は、この新島と巡り合って以来、彼の同僚宣教師たち（アメリカ人）やその家族と交際を深めました。そのころから洋装を好むようになったのでしょうか。帽子やハイヒールが好きでした。「古都のモダン・レイディー」の誕生です。自転車を乗りこなした、との伝承もあります。が、真偽のほどは、不明です。

八重と新島の婚約が、知事に知れるや、八重は府立女学校をクビになってしまいます。

キリシタン禁制が解除されて、ようやく三年目のことでした。キリスト教への不信感と嫌悪感は、依然として強かったのです。とりわけ、伝統宗教の中枢とも言うべき京都は、別格です。

八重は、差別やイジメをまったく意に介さず、翌年正月（一八七六年一月三日）に結婚に及びます。その前日に、八重はデイヴィスから洗礼を受け、京都初のキリスト教（プロテスタント）信徒になります。未知の世界へ敢然と、真っ先に飛び込む勇気は、いつの時代でも八重を特色づける大きな特徴です。

新島は「クリスチャン・レイディ」となった八重を「ハンサム・ウーマン」と見ます。彼は、見た目よりも心を重視する生き方を「ハンサムに生きる」と形容します（この指摘と表現は、NHK「歴史秘話ヒストリア」で八重を取り上げた押尾由起子ディレクターの卓見です。「ハンサム・ウーマン」という用語に著作権があるとすると、彼女にあります）。

新居は、現鴨沂《おおき》高等学校東南角の辺りにあった借家（岩橋家）です。大阪を引き払って入洛してからの新島は、山本家に下宿するか、旅館に泊るか、のどちらかでした。独身時代の最後は、岩橋家を借りて独居しました。新島はここへ新妻を迎えるわけです。

女子教育

この新居で、八重は宣教師夫人の力を借りながら、近所の子どもたちを集めて、一時期、女児の私塾を開きます。集まった中に、男の子がひとり、混じっていました。

この年（一八七六年）、女性独身宣教師が初めて京都に送り込まれ、宣教師宅に女子のための学校（京都ホーム）が立ち上げられました。今の同志社女子部の前身校です。一八七七年には同志社女学校と改称され、校長に新島襄が就きました。学校はやがて、現女子部今出川キャンパスに移転します。

八重は、出来たばかりの京都ホームを手伝います。ついで、母親（佐久）や宣教師夫人ともども、同志社女学校も助けます。母親同様に、寄宿舎に住み込む時もあったでしょう。

新島旧邸

一方、自宅ですが、一八七八年に今の「新島旧邸」（一般公開中）が竣工します。初のマイホームです。十四年間にわたった襄との夫婦生活を含め、八重はここで五十数年間、暮らすことになります。終《つい》の棲家にもなりました。

その間、襄は、一年半もの第二次欧米旅行を始め、伝道、募金、講演、学生募集などで家を空けることが多かったのです。また、新婚時代は、自宅の応接間が教会（今の同志社教会）を兼ねましたので、初代牧師である襄を助ける牧師夫人としての働きも期待されました。普通の家庭の切り盛り以上の力が必要な上、公私の区別がない生活でした。

それを懸念したアメリカの篤志家が、自宅と教会堂を建てる資金を贈ってくれました。こうして、自宅（新島旧邸）と会堂（同志社教会）が分離され、最低限のプライバシーをなんとか確保できるようになりました。しかし、完全な分離は、無理です。

襄は晩年、同志社を大学にするための運動（募金活動）に邁進します。が、上州での募金活動のさなかに発病し、大磯（神奈川県）で死去しました。遺体は、東海道を京都まで列車で運ばれて、キャンパスでの葬儀に備えられました。式後、学生たちは亡骸《なきがら》を棺台に乗せ、交代で山の上（若王子《にゃくおうじ》山）まで担ぎ上げます。今の同志社墓地の始まりです。

新島の死後

襄の死後、八重は同志社とも距離を置いて、学校の運営などに口をはさむことは、ありませんでした。

特筆すべきことは、日清、日露の戦争時に、篤志《とくし》看護婦として大阪と広島の病院に出張したことです。傷病兵の看護、介護というボランティア活動を繰り広げました。鶴ケ城での籠城戦で昔取った杵柄《きねづか》が、ものを言いました。「日本のナイチンゲール」と呼ばれる所以《ゆえん》です。

新島旧邸の建築スタイルは、洋間主体の和洋折衷です。現存する建物から、往時の生活が窺えます。ただし、八重は新島の死後、一階南半分を改造しました。階段の昇降が体力的にこたえるようになったためで、一階にある襄の書斎を和室にして居室とします。さらに、別の洋間に茶室を組み込みました。竣工すると、指導を受けた裏千家家元に「寂中《じゃくちゅう》庵《あん》」と命名してもらいます。晩年は、ここを拠点にひたすらお茶三昧《ざんまい》の生活でした。

風呂は、近所の風呂屋を愛好します。ただし、「一番風呂」にこだわったそうです。一番乗りでライバルの女性に負けると、入浴せずに帰宅した、というエピソードが残っています。最後まで勝ち気でした。

皮肉なことに、数えの八十八歳を祝う米寿の祝宴を盛大に祝ってもらった直後に発病し、新島旧邸の居室で死去します。遺体は、襄の葬儀の時と同じように学生たちに担がれて山を登り、洛東・若王子山頂の市営墓地（現同志社墓地）に土葬されました。

若王子山は、東山三十六峰の第十六峰にあたり、標高（百八十三m）では飯盛山《いいもり》（三百十四m）よりはるかに低い小山です。八重が鉄砲の撃ち方の指導をした白虎隊士は、今も飯盛山で鶴ケ城を眺めるかのように眠っています。八重もまた、若王子山頂から夫と共に、同志社の営みを見守っているのでしょうね。

それとも、夢は会津を駆け巡っているのでしょうか。

もうひとりの新島襄
――八重の夫は牧師・宣教師――

本井　康博

牧師・新島襄

新島襄は、牧師です。本務は、キリスト教の伝道です。しかし、高校「日本史」の教科書や辞典類では、教育者として書かれることが、圧倒的に多いのです。

新聞やテレビでも、同じです。「同志社大学の創立者・新島襄は」と前置きされるのが、一般的です。世間の常識では、新島はなによりも教育者です。

そこが、福沢諭吉や大隈《おおくま》重信との違いです。この二人は、慶応義塾、あるいは早稲田を創った人、というだけで終わりません。むしろ、総理大臣とか、啓蒙思想家といった面の方が、むしろ有名だったりします。新島の場合は、同志社を創った、それで終わりです。

ですが、やはり宗教者が本業です。新島にはふたつの顔があります。「教育者」と「宗教者」という違った顔です。それは、ちょうど、新島八重が「山本八重子」という別の顔を持っているのと、同じです。会津で山本八重子として知られた女性が、実は京都で活躍した新島八重と同一人物だと分かった時の、「目からウロコ」に匹敵いたします。

そこで、数年前に『新島襄の交遊』（思文閣出版、二〇〇五年）を出した時には、思い切って「新島襄は牧師である」という一文から、説き起こしました。教育者で凝《こ》り固まったイメージを何とか打破したかったのです。

最近、出した新島に関する岩波文庫でもそうです。あえてタイトルに「宗教」を入れました。それが、同志社編『新島襄　教育宗教論集』（岩波文庫、二〇一〇年一〇月一五日）です。

教育事業

そもそもこうしたギャップは、いったいどこから来るのでしょうか。最大の理由は、彼が始めた教育事業が、現在、とてつもなく大規模になっていることです。ふたつの大学といくつかの大学院、四つの高校と四つの中学校、それに小学校二校に幼稚園、という規模ですから、スタッフと園児、生徒、学生、院生を全部合わせると、四万数千人という地方都市ほどの大きさにまで膨れ上がります。

こうした「目を見張るような」教育事業に比べると、彼の宗教活動は、実に影が薄い、と言うか、目につく形で残る事は、まことに少ないのです。新島が教会（同志社教会）を作ったことを知らない人が、学内ですら大勢、おります。教会を構成するメンバー（信徒の教会員）は、わずか百名ちょっと。ですから、学園に比べると、ゼロコンマ以下の存在です。学内でも、世間的にもほんとうに小さな存在です。

新島の宗教的な背景

したがって、新島の宗教的な側面や背景は、とかく見落とされがちです。彼は、アメリカ留学を八年間、経験いたします。幸運なことに三つの名門私学で学ぶことができました。最後の仕上げをしたのが、大学院、しかも神学校です。アンドーヴァー・セミナリーというアメリカで最古の歴史をもつ名門校です。ボストン北部のアンドーヴァーという学園町にあります。

彼はこの神学校で、牧師になる訓練を受けます。卒業（一八七四年七月）を前にして、あるミッションから宣教師（ミッショナリー）に指名されます。こうして彼は、十年振りに横浜に戻る時には、海外伝道をするための宣教師という身分で、日本に送り返されます。だから、新島襄は、牧師であると共に、宣教師です。彼を宣教師に任命したミッションは、アメリカン・ボードといいます。一八一〇年にボストンを中心とするニューイングランド（アメリカ東北部地方）で生まれた、アメリカ最古のミッションです。

宣教師・新島襄

新島は幸運にも、このアメリカン・ボードから宣教師に任命されました。外国人、ましてアジア人としては、異例です。たしか、初のケースです。

以後、彼の生活費（給与）は、ボストンに本部を置くミッションから送金されます。支給は、新島が大磯で亡くなるまで、十数年間、継続します。一方、同志社は、その間、校長としての働きに対して、新島に給与を一円も払った形跡がありません。つまり、給与の出所から言えば、彼の本職は宣教師、すなわち日本伝道にあります。けっして教育ではありません。

したがって、新島が同志社を始め、キリスト教学校の創立や維持、発展に力を入れることに対して、日本にいた同僚のアメリカ人宣教師から、クレームがつくことがあります。「伝道を無視、あるいは軽視しているではないか」と。これは、正当な苦情です。

新島はこれに対しては、日本人に伝道する場合、教育に相当の力を注ぐのが最善、といった信念をもっておりました。少なくとも、伝道五十パーセント、教育五十パーセントでした。「自由教育、自治教会、両者併行、国家万歳」が、彼のモットーでした。教育と教会は、車の両輪です。

大阪に赴任

新島が、アメリカン・ボードから宣教師として日本伝道のために送り返されたのは、一八七四年十一月のことでした。問題は、彼の赴任地です。

当時、アメリカン・ボードは神戸と大阪に拠点（ステーションと言います）を構えて、関西伝道を展開中でした。新島はこのうち、大阪に配属され、さっそくキリスト教学校設立に向けた運動に着手しました。

けれども、江戸っ子（正確に言えば、父親が上州安中《あんなか》の出身ですから、上州系江戸っ子）たる新島が、縁故も基盤もない関西に住み着くというのが、そもそもありえないことです。なぜ、関西なのか、

京浜地方から締め出される

この点は、新島が組織の一員、つまり派遣社員のような身分で日本に戻って来た、もっと言えば戻されたことが、決定的です。アメリカン・ボードは、当時、東京や横浜には足場がまったくありませんでした。日本進出に遅れをとったからです。

アメリカン・ボードの成立以後にできた他教派のミッションは、長崎や神奈川（横浜）が開港されるや、一八五九年にいち早くJ・C・ヘボンやG・H・F・フルベッキといった超一級の宣教師を日本に送ってきました。それに対して、アメリカ初のミッションであるアメリカン・ボードの場合、最初の宣教師、D・C・グリーン夫妻が横浜に着いたのは、それから十年してからです。来日したミッションとしては、なんと六番目、宣教師としては二十人目、という「晩生《おくて》」です。

十年の出遅れは、大きな痛手でした。すでに京浜地方のおいしいところは、他教派の宣教師によって「占拠」されていました。競合を避ける、という名目もあって、やむなく宣教師不在の関西に転じて、新規開拓事業を行なうことにした、というわけです。

神戸が開港されるまで

当時、関西は宣教師空白地帯でした。外国人が自由に住めるのは、「開港地」の神戸と「居留地」の大阪（川口です）だけでした。このうち、神戸の開港は、長崎や横浜と同時に行なう、と諸外国に約束しながら、実際にはずっと遅れ、ようやく一八六八年になってからのことでした。なぜ遅れたのか。それは、天皇（朝廷）が安政五カ国条約を勅許《ちょっきょ》したものの、神戸（当時は兵庫）の開港を渋ったからです。これに異を唱えた幕府（徳川慶《よし》喜《のぶ》）が、朝廷から開港の勅許を得たのが一八六七年。この結果、翌年にいたって、ようやく開港に漕ぎつけました。

同志社にとって興味深いことは、戊辰《ぼしん》戦争（鳥羽伏見の戦い）が神戸の開港直後に始まったことです。後に同志社の結社人となる会津藩士の山本覚馬《かくま》（八重の兄です）は、この時、幕府軍側で参戦し、敗戦を嘗《な》めました。新政府軍（薩長主導）に追われる身となった敗軍の将、徳川慶喜将軍や筆頭老中《ろうじゅう》の板倉勝静《かつきよ》（かつて新島に、瀬戸内まで試運転する快風丸乗船を許可した備中《びっちゅう》松山藩主）、ならびに会津藩主（覚馬や八重が仕えた松平容保《かたもり》）らは、神戸沖に停泊していたアメリカ軍艦（イロコイ）にひとまず身を隠しました。

ということは、慶喜は、自分が尽力した神戸開港という出来事の恩恵をまず自分自身で真っ先に享受したことになります。何時間か後、彼はようやくアメリカ軍艦から幕府の軍艦（開陽丸）に乗り移ることができ、晴れて江戸に脱出したことは、よく知られていますね。

「マザー・ステーション」ができるまで

グリーンが赴任した時は、慶喜が落ち延びた翌年のことですから、戊辰戦争や明治維新の動乱の影が、当時の神戸には生々しく残っていたはずです。

グリーン夫妻に続いて、大勢のメンバーが関西に送り込まれました。このミッションは、教育面での貢献度も高く、神戸女学院や同志社（男子校、女学校）、梅花女学校（大阪）

などの設立と運営にも尽力しました。日本では、純粋な伝道だけでは、効果があがらないことが、宣教師にもじょじょに理解され始めました。

その後、アメリカン・ボードは二十世紀になると、他派ミッションと合同を繰り返し、一九六一年には大同団結のために、発展的に解消されます。この間、日本に派遣された宣教師の数は、四百名近くに上ります。そのなかに、新島襄が含まれます。

アメリカン・ボードの最初の拠点となった神戸は、その後、伝道拠点が増えるにつれ、「母なる拠点」(the mother station)と呼ばれるようになります。これが、遠からず京都に新たな拠点(それが同志社です)が設置される「布石」となります。

大阪ステーション

新島は、グリーンから数年遅れて、日本に派遣されました。彼の赴任地は、帰国する時点では神戸でした。が、帰国後、大阪ステーションに変更されました。彼と同時に日本に派遣された他のふたり(J・H・デフォレストとA・H・アダムズ)も大阪でした。ちょうど大阪を人的に補強する必要があった時です。

一八七五年の一月、大阪に着任した新島は、デフォレスト夫妻と共に同僚のM・L・ゴードンの借家に迎え入れられます。ゴードン家での同居は、以後、半年に及びます。ゴードンは、新島の帰国を誰よりも首を長くして、大阪で待っておりました。新島は大阪に赴任するや、ただちにゴードンに代わって、大阪の教会（摂津《せっつ》第二公会。後に梅本町教会。現日本キリスト教団・大阪教会）で仮牧師を務めます（以上、拙著『京都のキリスト教』三四頁、四五頁）。

伝道が本業

この点も、世の常識からずれています。どうして新島が、教会の仕事などしているのか。彼は教育者ではないか、と思われがちです。

新島の場合、大阪での仕事も、伝道から外れることは、許されません。むしろ、伝道の傍ら、あるいは並行して、学校作りに取り掛かります。しかし、全力投球にもかかわらず、大阪では学校創立がうまく行きませんでした。そのうえ健康を損ねましたので、春（四月）に三週間ばかり、保養と気分転換、そして何よりも観光のため、奈良や宇治、琵琶《びわ》湖、比叡《ひえい》山、京都へ遊行に出かけました。その間、「自分の仕事」を離れざるをえなかったのですが、大阪に戻るや、「仕事」を再開しております。「旅行は楽しかったのですが、大阪を離れるのは、実に辛いことです」と述懐しています（『新島襄全集』六、一六四頁）。

彼の「仕事」とは、教会やミッションの業務を意味します。新島にとって、伝道はけっして疎《おろそ》かにできない仕事でした。宣教師の本業は、伝道であって、教育ではありませんから。伝道（宣教）しない宣教師は、ミッションから見れば「月給ドロボー」です。

京都でも、まず伝道

ところで、一八七五年四月、新島が「おのぼりさん」となって、京都観光に来たことが、新島の人生を決定づけます。幸運にも、ゴードンあたりから紹介された山本覚馬（戊辰戦争後、京都府顧問になっていました）とめぐり合うことができました。これは、彼の人生の中でも、最大の幸運のひとつでした。

新島が「キリスト教教育が日本にも必要だ」と持論を説いたところ、思いがけなくも覚馬の賛同を得ることができました。こうして、その後、山本（京都府）から「誘致」されるような形で、思いがけなくも京都に同志社が立地できることになります。

新島は開校準備に本腰を入れるために、六月には、居を大阪のゴードン邸から京都に移します。新島を自宅に迎え入れたのは、覚馬です。新島は覚馬宅に同居して、念願のキリスト教学校を作る運動を始めます。それは、同時に八重と知り合う起点でもありました。

したがって、八重と新島を結びつけたのは、ゴードンならびに山本覚馬です。会津時代で言えば、川崎尚之助《しょうのすけ》を江戸から会津に迎え、自宅に引き取ったのも、覚馬でした。川崎も新島も、覚馬好みの洋学者です。八重の二回の結婚には、覚馬の存在が極めて大きかったのです。

覚馬には、新島と会う前から、ゴードンたち宣教師からキリスト教を学ぶ機会が、たくさんありました。キリスト教に共鳴し始めた覚馬は、自分で学ぶだけでなく、妹の八重にも宣教師に就いてキリスト教を学ぶように、と勧めます。

一方の新島ですが京都に入った時も、もちろん伝道活動を忘れてはいません。同僚であったＪ・Ｄ・デイヴィスの証言があります。「一八七五年に彼〔新島〕が京都に来たときの最初の仕事は、安息日〔日曜日〕に自分の家で礼拝を開始し、男女から成る小さなグループにキリスト教を宣《の》べ伝えたことであった」（『京都のキリスト教』六三頁）。

「最初の仕事」は、礼拝です。学校の設立に先立って、きちんと伝道に励んでいます。

教会の成立

もっとも、正式の教会成立そのものは、同志社の開校（一八七五年十一月）よりも遅れます。いわゆる「熊本バンド」と呼ばれた学生グループが転入する、という出来事がなければ、無理です。同志社開校の翌年、信徒が多数含まれた、三十名を越える生徒、学生が、熊本洋学校から三々五々、来てくれました。このことが、一気に教会（当時は公会と呼ばれました）が出来る契機となりました。しかも、ほぼ同時に三つもです。

三つとは、京都第一公会（一八七六年十一月二十六日）、京都第二公会（十二月三日）、そして京都第三公会（十二月十日）です。それぞれ一週間の間隔をおいて、次々と組織されました。いずれも、宣教師の借家が、日曜日だけ教会になります。いわゆる、「家の教会」スタイルです。

八重が入信

教会が出来る前はもちろん、教会が出来てからも、京都の地元住民は、キリスト教に敵対的でした。宣教師や、同志社、教会に近づく者は、ほとんどおりません。その中で、山本八重子の行動は、異色です。

兄の勧めでキリスト教を学び始めた八重は、新島と出会ってからは、今度は新島から指導を受けます。そして半年後には、ある程度の理解を深めましたので、一八七五年秋に、新島は彼女と婚約を交わすまでになりました。

翌年正月に、八重は、いよいよ洗礼を受けます。教会の影すらない頃でしたから、洗礼式は、同志社の宣教師の借家でした。八重は、京都でキリスト教（プロテスタント）の洗礼を受けた信徒第一号（男女を問わず）になりました。

翌日、二人は結婚します。これまた、京都におけるプロテスタントに基づく最初の結婚式です。校長夫人兼牧師夫人の誕生です。

そして、この年の暮に、先の三教会が京都に誕生いたします。新島は自宅に立ち上げた京都第二公会の牧師になります。同時に、八重はこの時点で、その教会に入会します。八重は教会よりも先に生まれた信徒でした。

牧師夫人になった八重にとっては、自宅（借家ですが）が、教会を兼ねます。公的な教会が、私的な民家に「間借り」するという「家の教会」は、やはり変則的です。理由は、会堂建築の資金がなかったからではありません。知事の槇村正直が、仏教勢力から猛烈な反発を受けた結果、彼らを刺激しないために、独立した会堂を建てることを禁止したからです。キリスト教への風当たりは、依然として相当に強かったのです。

第二公会時代の同志社教会

新島が山本家を出て、京都で最初に入居した借家は、もちろんボストンから送られてくる資金や給与で賄《まかな》われます。狭いために、「家の教会」を維持するのは、新島夫妻にとってはプライバシーの点でも不自由でした。それを憂えたボストンの旧知から、新たに自宅を建てるための資金が、送られてきます。こうして、京都御苑《ぎょえん》横（東側）を南北に走る寺町通りに出来た新居が、今も残る「新島旧邸」です。一階の応接間が、日曜は教会の集会（礼拝）に使われました。

しかし、「家の教会」である限り、問題は存続したままですから、次には、自宅とは別に、独立した会堂建築のための資金が、送られてきます。幸運なことに、あい前後して知事の交代がありました。そこで、やっと会堂建築が大ぴらに認められるようになり、自宅の隣りに京都で最初のキリスト教（プロテスタント）会堂が出来ました。

山本覚馬の入信

その後、一八八五年にいたって、八重の兄、山本覚馬もこの会堂で宣教師のグリーンから洗礼を受けます。戊辰戦争直後に神戸に赴任したグリーンは、この頃、同志社の教員になっていました。京都での奇しき出会いです。

新島は義兄の受洗という朗報を、アメリカで受けます。二度目の渡米のさなかでした。新島は留守宅の八重宛てに、「御兄には、この度、洗礼御望みのよし、珍重」、「日本を出しより、これ程喜ばしき新聞〔ニュースです〕は、いまだ承《うけたまわ》り申さず候《そうろう》」、「京都府下の人々に大関係をも生ず事」と舞い上がっています（『新島襄全集』三、三四三頁）。よほど、うれしかったのですね。山本覚馬は京都の政財界の大物だけに、彼の受洗という事実が、地元のＶＩＰたちに大きな影響を及ぼしてくれるはず、と期待しました。

以上のように、新島は学園・同志社の創立者・初代校長であると同時に、同志社教会の創立者であり、初代牧師です。八重もまた、したがって、校長夫人であり、牧師夫人であったわけです。

第2部　対談

山本八重子から新島八重へ

本井康博
同志社大学教授

早川廣中
白虎隊記念館館長

対談　山本八重子から新島八重へ

二〇一一年九月三日　同志社東京オフィスにて

会津烈女からクリスチャンに？

早川　ＮＨＫの大河ドラマは、再来年の一年間の放送は、五月に何をやるかを発表して、それで一年間かけて撮影してということが決まっているそうです。それが三月十一日の東日本大震災と、福島第一原発の事故によって、再来年については、十五代将軍徳川慶《よし》喜《のぶ》にほぼ内定していたのが、急きょ変更になったようです。

慶喜については、会津を始めとした東北では評判が悪いですから、私の勝手な推測ですが、被災民の反発を恐れたんでないですかね。会津藩主松平容保《かたもり》が京都守護職を引き受けたのは、慶喜の命令があったからです。江戸から鳥羽伏見の戦いで負けて、慶喜が船で江戸に逃げ帰ったのは有名な話ですが、そのときに容保も、会津側に言わせると強引に同行させられた。

それで取り残された会津藩兵は、紀州経由で江戸にほうほうの体で逃げ帰ったのです。そこに追い打ちをかけるかのように、慶喜から会津は江戸にいるなという命令があり、江戸からも追放されたのです。そこから会津戦争がはじまるのですが、五月まで時間があったのが幸いして、今回の逆転劇となったわけです。

本井　正式発表は、六月二十二日でしたよね。

早川　その一週間前だったと思いますが、朝日新聞がスクープとしてネットで流しましたので、会津でも大騒ぎになりました。その次の日だったでしょうか、読売系で県紙の福島民友新聞や朝日新聞の会津若松通信部の記者が、私のところに取材に来まして、「実現性があるんですか」といいますから、風評被害に悩む会津を救ってくれるという意味ならば、多分可能性はあるだろう。それを言ったんですが、それから一週間なかなか決まらないので、イライラしました。

会津の観光も深刻でして、対前年比で三割位に落ち込んでいますので、目もあてられません。そこで、私が中心になってテレビ朝日にお願いしまして、四年前に流した「白虎隊《びゃっこたい》」を関東地区と福島県で再放送しました、それによって一割から二割お客さんが増えて、対前年比で四割から五割のところをウロウロしています。

再放送の「白虎隊」ですら、一、二割増えるんですから、NHKの大河ドラマで取り上げられれば、四割くらい増えるのではないか、というのが福島県民の今の願望です。それで同志社の皆さんと手をつないで、八重さんのことについては、ちゃんとしたものを残したいという気持ちです。

本井　私どもが朝日の報道を知ったのは、ちょうど北海道函館にいるときでした。朝日のスクープは六月十二日です。たまたま学内の広報の責任者が何人か、函館に一緒に出張しておりましたので、急きょ現地で、どうしようかと打ち合わせをしました。すでに問い合わせもいくつか同志社に来たんですけど、NHKの正式発表でない限り、コメントはできないということで、わたしどもは対応をしませんでした。

十日後にようやくNHKから発表がありました。それ以前に私のところには、ある筋から連絡があったんです。けれども正直な話、まぁ―期待半分、不安半分という状況でした。

NHKは、朝日に抜かれたということもあって、十日遅れで記者会見をして、公式発表しました。そこから私どもも広報課長を中心に、連絡機関のような形で、プロジェクトチームを立ち上げて、マスコミ等の対応をやっている状況なんです。

早川　私がちょうど二十四年前に会津若松の市長になりまして、そのときに同志社の松山義則総長が会津若松に来られまして、山本覚馬《かくま》先生・新島八重夫人生誕の地の記念碑の除幕式に出席されましたが、そのときに私は祝辞を述べました。ただ、最近その記念碑がある場所については、少しばかり違うのではないか、という議論が出てきているようですが。

本井　今ある場所は、確かそこに住んでおられた郷土史家の宮崎十三八さんが「発見」され、「自分の玄関先を一坪、同志社に提供するから、碑を建てたら」というので、ありがたくお受けしたわけですよ。早川館長、当時は早川市長が祝辞を述べられましたよね。

ところが最近判明したんですが、昔の地図と今の住宅地図を重ねると、ちょっとずれているんですね。そこで案内板の説明を書き換えました。今年の五月に碑文の最後の二行を直したんです。平たく言えば「このあたりに」とぼかした言い方にしました。

早川　本当の場所を確定されたのであれば、移すことも考えられているんですか。

本井　同志社サイドの結論としては、碑を移すことはとりあえずしない。が、将来のことは分かりません。せっかく宮崎さんが自分の敷地を提供して下さって、あそこに建てた以上、早急には動かさない。ただ、「このあたりにあったのを記念して」という風に解釈し直す、ということです。

縁が深い白虎隊記念館と同志社

早川　いずれにしても、大河ドラマで放送されることになったのですから、会津側としては、同志社の関係者と協力し合って、顕彰に努めてゆくべきだと考えています。

それから、白虎隊記念館が今から五十五年前に創立されました。創立者は私の父の早川喜代次です。実は弁護士なんですが、徳富蘇峰《とくとみそほう》先生は長生きされた方ですから、秘書もたくさんいたといわれており、その一人だといわれています。静岡新聞の創立者の大石光之助さんも秘書だといわれていますが、私の父は昭和十年からほぼ顧問弁護士として常勤の秘書をやりまして、蘇峰が思想的には左から右に展開をしていくときでしたので、相当暴力的な集団、まあ右翼とも付き合うようになったので、私の父がどうも就任したようです。

そういうことで十年間終わって、蘇峰はA級戦犯容疑をかけられましたが、自宅拘禁を理由に不起訴処分になりましたが、そのときにも父が弁護を引き受けています。その後父は会津に帰ってきて、弁護士をしながら白虎隊記念館をつくることになったのです。そうですから、わざわざ蘇峰のコーナーをつくったんです。

ところが蘇峰というのは右翼の代名詞になっていますから、一時は評判が悪くて、蘇峰が同志社で学んだということと、創設者新島襄の協力者であった会津藩士山本覚馬や、その妹である八重のことを思い出しまして、父は『徳富蘇峰』のなかでは、蘇峰の同志社時代のことを詳しく書いたのでした。

本井　私も何年か前に白虎隊記念館を訪れまして、『徳富蘇峰』を戴きました。もう二十年位前でしょうか。福島県には、それを含めて二回行っております。あそこには会津若松教会がありますよね。私どもの神学部の卒業生が、歴代の牧師です。東北地方の同志社系教会では、会津と仙台、これが二つの拠点のような形になっていて、非常に大事なんですね。とりわけ八重さんが会津から出ているということもあって。京都と会津の関係は、随分近いと思いますね。

今回のＮＨＫの大河ドラマは、福島県を元気にするための番組なんです。けれども、たまたま八重さんが新島襄と結婚し、長期にわたって京都に住んだということから、Ｎ

HKも後半は同志社を無視してはドラマをつくれません。かと言って、力を入れすぎると、後半は同志社ヨイショになりかねない。これはNHK的にはよろしくないんじゃないかと、個人的には懸念しております。取り上げないわけにはいかないけれども、全面的に取り上げれば、他の大学（とくに私学）から文句が出ないとも限りません。

しかし、私どもは八重の資料をたくさん保有しておりますから、プロジェクトチームをつくりまして、広報課を中心にNHKに全面的に協力するつもりです。ただ、川崎さんの資料を始め、テーマや時代により資料不足が現実にありますから、それがドラマ化のネックになるんじゃないか、と心配しております。

視聴率をとるためには、話をふくらませないとだめでしょう。その場合、同志社という外野がいるために、今度の脚本家は大変だと思います。京都時代はふくらませにくい。一方、会津の方のストーリーはほぼ決まっていますよね。時期的には京都時代の方が、圧倒的に長いだけに、そこをどう描くかですよ。

会津戦争で奮戦した八重

早川　八重さんと会津戦争ということでは、二つのことだと思います。その一つは八重さんの隣の家に、伊東悌次郎《ていじろう》がいたことです。飯盛山《いいもりやま》で十九人の白虎隊が自刃《じじん》したわけです。その一人で、飯盛山にはそのお墓があります。近所であったので、鉄砲の撃ち方を女性にしては厳しく鍛えたという逸話は、日本テレビやテレビ朝日で放送された白虎隊でお馴染みですが、八重さんが登場するのは、いつもそのシーンです。

それから、もう一つは、篭城戦になってから、川崎尚之助《しょうのすけ》という旦那さんと一緒に、大砲を撃っていたというのが、有名な話です。ですから、鉄砲と大砲ということで、女性にしたらば、珍しい話ですが、会津戦争を扱った本によく出てきます。

それから八重さんに代表される会津の女の人が強いということについては、多くの皆さんから質問されるものですから、新島襄が生まれた安中《あんなか》は上州《じょうしゅう》で、そこはかかあ天下が有名ですが、生糸《きいと》は女性のように手が器用でないと産業になりません。したがって、生糸をつくるところでは、経済的に女性の地位が高いというのが常識です。それで上州の方が有名ですが、会津若松もですね、ついこの前まで、福島県の養蚕《ようさん》試験場があって、それから古くは、会津若松に官幣社《かんぺいしゃ》であった養蚕神社というものがありまして、古代から最近まで生糸が盛んだったことが理由だと思います。

本井　今のお話を引き継ぎますとね、京都の女紅場《にょこうば》という日本初の公立女学校で、八重はキャリアウーマンとして働きます。この学校で養蚕、あるいは生糸織物を教えます。これは会津ゆかりのものじゃないでしょうか。彼女自身が会津でそうした経験を持っていたのか、どうかですが、今お話を聞くと、会津時代に、すでにそういう体験なり、指導を受けたりした、ということがあったんでしょうね。

早川　これは資料的には私はつかんでいませんが、実は会津の士族といいますけれど、上級士族は信州の高遠《たかとお》から来た人がそうで、それ以外は全国から集められた士族が下にいるわけです。山本家はどうも高遠ではないようです。それで一時期、山本家は山本勘助の子孫だということを名乗っていた時代があるんです。ですけど、山本覚馬は言わなかったみたいです。

これは数年前の大河ドラマで、山本勘助のことを調べた人がいまして、本当ではないということをNHKも分かったのか、そこでは取り上げられませんでした。会津藩は高遠の三万石か最上《もがみ》に行って二十三万石になり、会津に来ましたので、寄せ集めの集団です。山本家は最初はお茶の先生として採用され、身分的にはあまり高くありませんでした。二十五石以上になったのは、あくまでも幕末の頃ですから。それが覚馬に能力があるということで、加増されたのです。

それから京都守護職を受けるにあたって、会津藩内で揉めに揉めたということはご存知だと思いますが、松平容保は積極派でしたが、筆頭家老の西郷頼母《たのも》は反対でした。家老は全員反対でした。京都に乗り込んでいくときに、若松で家老会議をやっています。社長である殿様がいないところでやっているんですから、ほとんどの上級武士は、西郷家と縁組をしていますから、力がとんでもなくあるわけです。ところが、松平容保が江戸藩邸で「京都に行く」とこう言ったんですがね。昔は上級武士しか殿様にお目通りができませんでした。士中しか。そのメンバーがほとんどいないところで決めた。ですから、覚馬が二百石になったということは、覚馬を上級武士にしないと、京都の一緒に行って活躍することができないから、禄高をあげたんですよね。

本井　山本家は、最初は下級武士で、祐筆《ゆうひつ》の上くらいですね。最後は色々あって百五十石位まで行っていますか。そうすると、新島襄の父親も安中藩の祐筆ですが、山本家の方が上かなと思います。とすれば、山本家は下級武士ではなくて、中級武士ですよね。覚馬のように砲術師範ともなると、日新館では教授なわけでしょ。教授が下級武士では教えられませんよ。

早川　山本家が上級武士でないということは、後の彼の行動によって裏付けられます。中級以下の武士の人は、みんな各家で唐傘を作ったり、それから起き上がり小法師《こぼし》つくっている。起き上がり小法師は今有名になったんですが、十日市で売るんですが、幕末になくて困ったといわれます。なぜかというと、つくっていた下級武士が全部京都に行かされてしまったから。それで十日市に間に合わなかったというのが、私の父早川喜代次の説です。

本井　養蚕で言いますとね、薩摩藩邸を京都府が召し上げたのを、覚馬あたりが開拓公社かなんかを通して買った時に、築十年くらいの立派な御殿を全部さら地にしましてね、桑を植えているんですよ。これは覚馬の卓見ではなくて、当時流行っていた殖産興業《しょくさんこうぎょう》的な施策でしょう。あるいは、地力回復のための植樹で、当時はそれが普通であったようです。そのうちの一本と思われる桑の木が、今もキャンパスに残っています。

したがって、養蚕というのは、当時のハイテク産業にあたり、時代の先端を行く金儲けや、利殖のためのプロジェクトですよね。ということで、女紅場でも、これから養蚕だ、絹織物だというので、八重もお兄さんから「教えたら」と言われたのでしょうか。ま、これは私の一方的な憶測ですが。

早川　それから八重が兄を頼って京都に出かけたことですが、明治元年の十月に会津藩は負けたわけですが、それから約一年間が会津の武士は抑留されたわけですよね。ただし、薩長政府は、子供と女性は抑留しなかったので、八重さんは籠城《ろうじょう》戦《せん》のときに男の恰好をして大砲を撃っていたわけですが、女であったのでお咎《とが》めはありませんでした。さらに、負けたときに薩長は、東軍のうちの会津の者だけ捕虜にする。応援に来た人は、身分を明かせばみんな釈放すると。したがって川崎という旦那さんは会津人でないので、先に出て行った。八重さんは残った。八重さんは本気で捕虜になりたかったのでは、というのが私の意見です。

本井　たしかに、他の藩士と共に行列を組んで、猪苗代《いなわしろ》まで行こうとしていますね、弟の三郎になりきって。気分は、半分男です。

早川　女であることがばれて釈放されたんですよね。そこをＮＨＫでやれば面白いんですが。八重さんはそれだけ男っぽかったんでしょうね。

本井　最初の旦那さんは「なおのすけ」じゃないですよね。

早川　会津では「しょうのすけ」です。
本井　よく「なおのすけ」と読まれますね。但馬出石《たじまいずし》藩の出身でしたよね。

兄の覚馬を頼って京都へ

早川　八重が兄覚馬の生存を確認したのは、敗戦から三年ほど後のことで、大半の会津藩士が釈放されて初めて、全国に散っている会津藩関係者のことがわかってきたんですよね。覚馬が薩摩藩邸で生きていることが分かったのも、そのときのことです。一年後というのは、その間は犯人扱いですから。ほとんどの人が京都に行くという気持ちにならないなかで、お兄さんを頼って明治四年に京都に行ったのは、八重さんはやっぱり、会津の狭い社会にいても面白くないという考え方があったからではないですか。
本井　八重としては、兄さんを頼らないと、その後の人生は開けなかったんではないでしょうか。積極的であれ、消極的であれ。このままでは、基本的に生活ができない、ということだと思います。
　京都に喜んで来たのかどうか――それはわかりません。まぁ、兄さんを頼って、これからは京都で新しい人生を展開せざるをえなかった、と覚悟して来たんでしょうね。不本意で来たか、喜んで来たか、彼女の心中はわかりません。

早川　日新館の記録で出てきたんですが、覚馬が鉄砲を教える指導者として、妹のことを推薦していたようです。八重の夫であった川崎も、覚馬の弟子にあたりますし、兄のことをかなり尊敬していたんではないですか。

本井　場合によっては、お兄さんの方から、「京都へ出て来たら」という誘いがあったかも知れませんね。この線も否定できないような気がします。

八重は京都に来てから、何十年も住みますが、結局「京都人」にはなりきれません。最後はやっぱり「会津人」として死んでいますから。その点では、本来会津から出るべきではなかったのかも知れません。ハッピーな生活をミヤコで送れたかと言うと、そういうキャラではないですよね。

早川　そうだったとすれば、私も考え方を改める必要があります。京都での生活は、バラ色とまではいかなくても、それなりに、充実していたと思っていましたから。

本井　話は変わりますが、覚馬は佐久間象山《しょうざん》門下生として、勝海舟《かつかいしゅう》と同門と位置づけたらいいでしょうか。新島襄は海舟と五回会っています。津田仙《せん》の紹介でまず会いますね。

そのうちに徳富蘇峰が勝のお屋敷の店子《たなこ》になるんです。ですから最後、新島のお墓の字は海舟です。こうして津田と蘇峰を介して、何度も新島は海舟と会います。

新島としては大学をつくるためのスポンサー、あるいは支援者の一人に取り込みたいわけですよ。なんと言っても海舟はネームバリューがありますからね。大学設立運動では随分、助言を仰いだり、指導をしてもらっています。これはすごい関係ですよ。

ですから、実際に新島が海舟に「覚馬を知っていますか」と尋ねたならば、「ああ」という返事が返ってきたと思います。ただ、覚馬が新島に海舟を紹介したという記録はありません。

早川　会津の人は海舟をものすごく嫌っていますが、覚馬は違いますよね。

本井　え、そうですか。覚馬を新島に最初に紹介したのは誰かというときに、たいてい海舟の名前が出てくるんですよ。しかし、宣教師のM・L・ゴードン、あるいは木戸孝允《たかよし》、こちらの方が勝よりも新島には近い。当時、勝と新島は面識がないにもかかわらず、勝が知事や覚馬を紹介したという説が、よく出てきます。なぜなんでしょうね。

早川　ついついそう考えてしまいがちですよね。

本井　木戸孝允との関係でも、新島がワシントンで木戸と会う以前に、覚馬は桂小五郎時代の木戸を知っています。これもすごいですね。しかも、その当時は立場が逆ですよね、覚馬が木戸を取り締まる—これも面白いです。

早川　幕末期は藩という枠を超えて、色々と交流があったんですよね。

本井　あります。とくに当時の京都は物騒な時代ですから。敵味方の違いはあったとしても、色々なかかわりがあったと思いますね。覚馬は裏の世界、新選組や会津小鉄（今でいう暴力団）を配下に抱えている会津藩の人間でしょ。だから、アングラの危ない世界でも、かなり顔が利いたんじゃないか、と思います。大体、京都で住んだ家は、侠客《きょうかく》として有名な新門辰五郎の旧宅でした。

早川　そうでしょうね。遺児となった象山の子供を新選組に入れたのも、覚馬ですからね。

本井　あれも海舟から言われて、恩師の子どもの面倒を見たのでしょう。新選組とも関係がありますからね。

会津の開明派であった覚馬

早川　覚馬というのは不思議な人間ですよね。

本井　そうです、幕末期から当時の有力者と裏表でつながっています。
早川　情報収集の仕事もしていましたから、世の中の動きにも敏感だったんでしょうね。末端で反対派とぶつかっていますから、今どういったことになっているか、分かるんですよね。ただ、薩摩から覚馬はどのように見られていたんでしょうね。京都の蹴上《けあげ》で捕まったようですが。
本井　優遇されたのはいわゆる『管見《かんけん》』を書いてからでしょう。それまでの覚馬は、薩摩から見ると、単なる敵の武将の一人ですから、殺してもかまわない。しかし、あれを読んだら、「敵ながらアッパレ」というふうに変わったと思いますよ。戊辰戦争の後、京都府顧問という要職につけたのも、『管見』抜きには説明がつきません。本学でも、今回、『八重子回想録』と共に、『管見』を再版しようという動きが起きています。
早川　薩摩は自分たちだけ見て、それを公にすることをためらったとも言われますから、開明的な内容だったので、ビックリしたみたいですね。
本井　坂本龍馬の「船中八作」と比べますと、龍馬の場合は、佐久間象山や横井小楠《しょうなん》あたりの影響が強いですよね。「船中八作」と比べて『管見』のレベルがどの程度か、に関しては私は分析していません。

ただ両方とも国際法に明るくて、万国公法をすでに学んでいます。その点ではどっこいどっこいでしょうか。が、より具体的という点では、『管見』はすごいですよね。項目別に提案してるでしょ。女学や貨幣の話など龍馬には出てこない。後者は大所高所の話が中心です。

早川　会津藩も幕末において主力になったのは、むしろ後から中途採用になった中級・下級武士の人たちで、いずれも開明派でして、覚馬以外にも、秋月悌次郎、広沢安任《やすとう》といった人たちが後で有名になるんですが、覚馬は若いときから同志社のような学校を応援したいと思っていたんじゃないでしょうかね。というのは、管見のなかで学校教育の大切さを主張していますから。

本井　あれで覚馬の後半の人生が、ほぼ決まったような大事な文書です。とくに教育に関する彼の建策の延長に同志社や、新島が引っかかってくるのですから、会津寄りに同志社を見ると、覚馬が敷いた路線に、新島が入りこんできた。そういう意味では新島という人は、まさに最適任の人と組んで、同志社をつくったんだな、と言えますね。

京都府（覚馬）から誘致されなければ、キリスト教の学校があんな所に、あの時期、できるわけないですよ。とくにキリスト教の素地に関しては、ゼロ地帯なんですから。

これが開港地の神戸なら別です。あそこは神戸女学院という先輩校が先にできるわけです。その隣りに次に男子校（同志社）を作るというのが、普通予想されることです。あの京都にあの時期、新島が乗り込んですぐに学校ができたというのは、新島にとっても、まさに想定外ですよ。

覚馬がいなければ、京都立地ということは、同志社としてはまず考えられません。さらに副産物として、覚馬の妹が新島のお嫁さんになるわけです。山本覚馬と出会わなければ、八重さんとの結婚もありえない。新島の人生にとって、京都で覚馬と出会ったこと、これは決定的ですね。

早川　「管見」にはっきり学校をやらなくてはならないということが書いてありますし、それから会津は根本が神道で、そこに仏教ですから、それで神道と仏教が混淆《こんこう》して幕末まできていますから、今言ったように、開明派の人たちは、みんなそうですが、猛烈に神道や仏教に反発していたようです。そういう古い考え方に対しては。それもみんないきなり海外のことを勉強したわけではなくて、開明派の人は語学を一生懸命勉強しました。薩摩も長州も下級武士の人が後で開明派になって日本の国家をつくったんですが、それと同じだと思います。

ですから、会津の武士がクリスチャンになったというのも、中級武士以下の人の、封建的な神道や仏教への反発だと思いますよ。これはなかなか難しいんですけど、第二次世界大戦と同じ現象だと思うんですよ。まさに神道と仏教が頂点に達して、世界中を相手にして戦争をやったわけですから。

だから、それでそれが終われば、日本中の大学が数校をのぞいて、経済学部のあるところは全部マルクス経済学に、法学部もマルクス的な考え方に。まずは旧帝国大学が、つづいて私立大学のほとんどがそうなったわけです。そういえば私が知り合った同志社大学の教授たちも、ほとんどマルクス経済学者でした。それは戦後でしたが、明治維新もそっくりだと思います。

本井　会津は神道の藩でしたか。じゃ、薩摩と似ているところがありますよね。

早川　会津では開明派であった覚馬が、同志社の創立に深く関与したということは、以前から認識されていたんですか。

本井　最近はわりと認識されていますね。学内にあった同志社中学校がこれまで使っていたチャペルが、中学校移転のために昨年から大学のチャペルになりました。あそこに入るとすぐにわかるのですが、正面に三枚の肖像画がかけてあります。新島と覚馬とJ・

D・デイヴィス。つまりこの三人がつくった、いうことを示すためです。三人は別格なんです。二代目以降の社長、総長の肖像画はギャラリーです。だからひとまず、あれを見ると、新島だけでなく、覚馬とデイヴィスが創業者ということが、ひとめで分かるんです。

武士道とクリスチャン

早川　覚馬も武士であったわけですが、武士道とクリスチャンであることと、どう結びつくと思われますか。

本井　新島自身も侍でしたからね。もちろん、侍意識だけではクリスチャンはやれないですよ。どっかで精神的な意識改革、つまり「回心」がないと。

早川　侍だからクリスチャンになれるというような単純なものではないんですかね。

本井　日本では侍、とりわけ佐幕派（負け組）の侍が率先してクリスチャンになりました。キリスト教受容の形態としては顕著なんです。会津では井深梶之助（明治学院総理）が典型です。

早川　戊辰戦争で敗れて、マイノリティーになってしまったから、クリスチャンになったということもあるんでしょうね。ある意味では行く場所がなくなってしまった。

本井　そういうことですよね。だからキリスト教的世界が文化的で教育的、宗教的な新天地になります。ここで維新をやりなおすというか、徹底することに力を入れます。それは薩長がしなかったことであり、勝ち組が目を向けなかったことでした。

早川　薩長は表面だけ西洋化して、心は変わっておらず中途半端だ。本当の西洋化とはどういうことかを、自分たちが身を持って示して、薩長よりも先に行きたいという気持ちがあったんでしょうね。

本井　新島なんか、アメリカで良質の精神教育を受けていますからね。日本に戻ってくると、日本ではそれが決定的に欠けていることが目に付く。見かけはどんどん欧米風になるけれども、結局、仏つくって魂入れずです。そのアンバランスさが気になります。

早川　その点で薩長を批判したかったかもしれないですね。

本井　そうですよ。薩長と言っても、長州の方はまだしも木戸孝允、伊藤博文など、助けてくれる人がいます。これに対して薩摩はいかん、と新島は言っています。薩摩の大臣は押しなべてキリスト教、同志社嫌いで困る、とぼやいています。森有礼《ありのり》が若いときには、薩摩で一番新島に協力的でしたけれども、文部大臣になったころには、もう全然違う森に変わっていました。もう駄目です。

早川　山川捨松《すてまつ》は薩摩の大山巌《いわお》と結婚しましたが、八重だったらどうでしょうかね。

本井　八重には最後まで会津人としての士魂がありましたから、可能性としては大山との結婚はありえなかったでしょうね。同様に八重の場合、会津人からクリスチャンになるにも、すんなりとはなり切れない。八重本人は最後までクリスチャン気分ですよ。しかし、客観的にどう評価するかは、歴史家の立場でやらんといかん仕事ですから、なかなか苦しいとこです。

宣教師や新島からすると、八重さんの回心は不十分です。結局ね、彼女にとっては会津藩主松平容保の方が、キリストよりも上なんですよ。その点、新島の場合ははっきりしています。かつてのお殿様よりも、キリストをはるかに上位に置いています。これに対して、八重の場合は、どっちかというと、会津士魂というか、侍意識が、抜け切れていない。

早川　ただ、その部分でドラマでは遊びができるんですよね。そして、新島襄の偉さが光るということですよね。かえって八重さんがいるおかげで。

本井　このあいだ、今度の大河ドラマのライターである山本むつみさんから、三時間くらい取材を受けたんですけれども、このあたりの展開は難しい仕事だなーと、他人事ながら気になりました。
早川　事実を調べていくと筆は進まないでしょうからね。
本井　一つひとつ押さえてゆくと悩みますよ。どっちにしようかと。
早川　ライターの方は、語りがうまければいいんですよね。
本井　そういうことです。ストーリーを面白くしなければ、ドラマとして成り立ちませんから。

原作がない「八重の桜」

早川　そもそも今回の八重の桜では、原作はないんですよね。
本井　ありません。八重をトータルにとらえた研究書は一冊もありません。研究家もいません。だから原作は必然的にオリジナルにならざるをえません。
早川　研究家としては、先生お一人ですよね。

本井　いえ、私を含めてゼロですよ。その点、脚本家は苦しいでしょうね。一言でいうと、勇猛果敢で波乱万丈―こんな女性がいたんだというストーリーになるでしょうが。

一方の新島は硬派の一直線ですよ。ブレもないし、ある意味、単純明快。先が読めて、面白くない。ところが、八重さんは反対です。見る人に勇気と元気を与えますよ。物語的には面白い話はできます。脚色を入れてふくらませれば、もっと面白くなります。

早川　それから八重については、会津でいう山本八重と、京都での新島八重と、二人の人間が存在するんで、それを一つの像に統一しようとすると、これは大変だと思います。とくに、会津の人は平気で命を投げ出していますから、生き残ったというのは大変なことだったと思います。キリスト教がなければ、精神的にもっと傷ついたんではないですかね。

本井　確かに京都は別世界。とりわけキリスト教は、いやしの要素が多いですからね。八重は、会津世界のチャンネルを切り換えて、京都という新しい世界で第二の人生を送ったことになります。

早川　無理して一つの像に仕立て上げるんですかね。

本井　一本の筋を通すのは難しいですよね。しかし、ひとりの人生ですから、どこかでつなげる、あるいは、串刺しの「串」にあたるものを見つけることが必要でしょうね。
早川　私もそれには同感です。
本井　一つのヒントはですね、うらさんですよ。覚馬の妻うらさんは、会津に残ったわけでしょ。覚馬が京都で身の回りの世話を新しい女にさせているという情報が、多分入っていたと思います。夫は身体障害者だから、やむをえないとはいえ、めかけ同然の扱いだろうと、憶測したくなるのも自然です。
そのため彼女は京都に行きたくないとか、会津に残っていたいと思うようになったのじゃないでしょうか。離婚までして会津に残るというのは、これ、やっぱり会津人としての選択だと思います。八重もほかの条件がなければ、兄嫁と同じく、残りたかったかも知れませんね。
早川　東京だとまだ別でしょうがね。京都は会津からは遠いですからね。
本井　八重にとって、京都が憧れのミヤコであったとは必ずしも思えないんです。住みづらい街だし、「よそ者」として生活しなくてはならない大都会です。言葉も関西弁を自由に使えませんしね。
それに彼女はクリスチャンになりましたから、京都の住人にとっては、田舎者《よそもの》でバテレンという二重の意味で、わけわからん女だったはずです。結婚当初、町内では誰も近寄ってくれません。孤立無縁ですよ。その手の「差別」を考えますと、会津に残っていた方がよかったかも。あれだけ会津が好きな人ですから。

早川　晩年になってちょくちょく会津に戻ってますよね。

本井　それでも違和感はあったようです。会津を訪ねた時の歌をつくっていますけど、もう昔の友だちもいないわけでしょ。京都に帰ってきても、さみしいままです。まるで浮き草ですよ。つまり、京都人になれない。かと言って会津人にも戻れない——実に流浪の旅みたいな生活ですよね。言わば、さまよえる会津人です。

早川　晩年は身内もいませんよね。

本井　とくに血のつながった身内は、ひとりもいません。だから、山本家のお墓を会津の大龍寺につくる、と言うか整理するでしょ。彼女がつくらないと、山本家は絶える心配があります。あんのじょう、甥の平馬が最後になりました。

早川　会津では新島八重ではなく、山本八重子と呼ばれていまして、新島襄の奥さんになって、クリスチャンとして気高く生きたと思っていますが、京都に着て色々と調べますと、まったく違いますよね。

本井　まるで別人です。新島八重にしても、そんなに知られていないし、学内でさえも評価されていない面があります。

早川　平成二十五年のＮＨＫの大河ドラマをきっかけに広まってゆくということでしょうね。

本井　やっと全国デビューです。この間（二〇〇九年四月二十二日）の「歴史秘話ヒストリア」八重伝が第一次デビューとすれば、大河ドラマが二度目のデビューになります。

早川　その意味では画期的なことですよね。

本井　よくぞＮＨＫは抜擢してくれました。京都から見ると、これぞ会津人のおかげです。会津人がたまたま京都にきて、新島と結婚したことで、キリスト教のことや、同志社のことが、ドラマに組みこまれることになったのですから。

生涯会津人であった八重

早川　大河ドラマのテーマは、八重本人が気づいているかどうかは別にして、会津士魂とクリスチャンとしての葛藤ですかね。

本井　八重さんの信仰をどう見るか難しいですね。同志社教会（新島が作った教会です）に籍を置きながら、別の教会（京都教会）にもちょくちょく行っています。京都教会は、同志社教会に少し遅れてできた老舗《しにせ》の教会です。

何でかというと、そこの牧師が好きだったんです。人間的なつながりが濃かったからか、あるいは同志社教会では、人間関係がつくりにくかったのか、よくわかりません。ただ、同志社の卒業生である牧野虎次という牧師を慕って京都教会へ行ったりしました。牧野には、「死んだら、あなたが葬式してよ」と言っております。最終的に学校葬（同志社の学内での）でしたから、京都教会でお葬式をすることはなかったんです。同志社教会でもないですよ。こういうところを見ると、ワクに囚われないのが、彼女の八十六歳の人生ですよ。男っぽいし、何を言われても気にしない。肝っ玉母さんですね。

早川　クリスチャンになろうとはしたのでしょうが、それ以上に会津士魂や会津人であることを引きずってしまったというのは、同じ会津人としては嬉しい反面、可哀想な気がします。会津弁が生涯抜けきらないのと一緒で、どうしようもない宿命を感じてなりません。でも、救いといえば天真爛漫であったことですかね。ところで覚馬の片腕となった会津人としては、どんな人がいますか。

本井　右腕までとは行きませんが、何人かの会津出身学生が入学してきました。たとえば兼子《かねこ》重光（常五郎）。在学中に校長であり牧師の新島から洗礼を受けてクリスチャンになります。やがて神学校に進み、牧師を目指します。この兼子など、今度のドラマに出てきてほしい人です。会津から同志社に来た学生たちの筆頭ですから。同志社では容保の子、松平容大の後見人（ご養育係）です。

早川　容大は卒業していませんよね。

本井　入学する前に、校則違反があって、入学取り消しというか、退学処分が出ます。容大と言えば、容保の息子で、（名目的であれ）旧斗南《となみ》藩主でしょ。若殿ですよ。その殿が退学なんですから、これは一大事です。そこで「ご養育がかり」とも言うべき兼子が中心になって、留任運動をします。友達から署名を集めて、覚馬と新島に「容大を退学させないで」と訴えます。「容大が校則を破ったのは同志社の教育をまだ受けていないからだ」という論法です。

早川　その理屈は、それなりに筋が通っていますよね。

本井　そうなんです。容大が正式に入学したら、自分たちが彼の面倒を見るから、という嘆願運動です。覚馬も板ばさみで困ったと思います。現実に教員会議ではダメだといわれます。とくに堅物の宣教師は総じて「ダメです」。会津のこと、知りませんからね。でも、最終的にやっぱり新島が許したんじゃないでしょうか。入学が認められています。ですが、そのうちに容保の方から、「息子を学習院に転校させるから」という手紙がきます。

兼子という人は、最終的に会津若松教会牧師を三十年以上も務めます。こういう会津人が地元に戻らないと、伝道も定着しませんよね。

早川　兼子のことは名前だけは知っていましたが、京都でのことは知りませんでした。会津人にも面白い人物がいたんですね。

本井　会津藩、会津人がマイナーなうえ、京都守護職という貧乏くじを引いた後遺症が、その後しばらく蔓延したからではないですか。それを跳ね返すようなパワーを持った人が一部に出たというのは、逆からいうと、主流（多数派）あるいはメジャー何するものぞ、という対抗心が強かったからじゃなかったでしょうか。

その意味では、どっか熱い部分があって、痛めつけられた分、見返してやる、といった気概があったと思います。今もそういう気風があるのじゃないでしょうか。

新島も実際に八重と会津に行って、そのことを肌身に感じておりますね。会津にシンパシーを抱くと言っております。私の言葉でいうと、会津人はメジャーに対して粘り強く対抗するだけの気骨がある。

新島はもともと気骨が好きです。その点、八重さんも気骨がありますよ。ちょっとやそっとでは、人の意見になびかない。会津人としてのシンパシーを、新島は八重にも抱いたと思います。

そう言えば、新島の所属した安中も、もちろん戊辰戦争における負け組の一藩ですよね。とくに、本家の備中《びっちゅう》松山（現岡山県高梁市《たかはし》）というのは、藩主（板倉勝静《かつきよ》）が筆頭老中をやっていますから、負け組筆頭です。そういう意味で、新島と山本は負け組意識でおのずから手を組みやすかった。結果論ですけどね。

早川　良く言えば、純粋ということですかね。

本井　そう、これと思うものに突っ込んでいく。

早川　信仰にとって純粋さは必要ですか。

本井　純粋さですか。純粋だから信仰に入れるのか、信仰に入ったから純粋になるのか。両面がありますよね。普通の人は、入ってから純粋になるのと違いますか。やっぱり人間、皆不純ですよ、信仰に入る動機も含めてね。たいてい人間的な思いで入っていますから。ですが、入ってから上からの力で変わる、ということがあると思います。

早川　信仰というのは自分の力で持てるものですか。それとも神によって信仰を持たされるのでしょうか。

本井　最終的には後者でしょうね。たとえばね、キリスト教主義の学校で、入学式の式辞で校長が言うセリフにこういうものがあります。「皆さんが私どもの学校を選んでお入りになったのではありません」。合格者からすれば、受験勉強で必死に頑張ってきたその熱意と努力が稔《みの》って合格したんですよ。ですが、「神様が選んで一人ひとりをここに送ってくださった」というのが、信仰的なとらえ方です。洗礼もまさしく同じですね。

個人の努力や想いを超えたものの力で信者になる。なってから変わるのも、自分の努力ではなくて、上からの力で変わるのだという理解です。どこまでも自分の力に恃《たの》んでいると、結局、自己中心的になりやすい。そうなると、自分の思いがかなえられなかった場合、神も仏もあるもんかとなるんですよ。

同志社での覚馬、八重

早川　信仰者としての八重の実像がもう一つはっきりしないのは、資料がないからでしょうかね。
本井　そうなんです。とりわけ本人が書いたものが少なくて。記録や記事があるとすれば女性雑誌か何かにちょっと出るインタビュー位ですよ。しかも、それらはほとんど会津時代のことです。戊辰戦争の回顧談がメインです。
早川　そこで時間が止まってしまったんですかね。
本井　時間が止まったのか、あるいは意識が止まったのか。クリスチャンとして見た場合、信仰に燃えた時期があったのは確かです。とくに洗礼を受けた前後というのはほんとにすごいです。それがなかったらクリスチャンにはなれません。そこが一つのハイライトですよね。
早川　不思議な人物で、天真爛漫で、そこら辺にいる女の子とは違いますよね。
本井　夫婦して二人とも尋常ではない。ちょっとほかには例がないカップルです。突出しています。その意味では似たもの夫婦ですよね。

早川　本井先生が新島襄を研究されるようになってから、覚馬が再評価されるようになったということも、言えるんでしょうね。

本井　もちろん私ひとりの力だけではありません。私的に言えば、覚馬と言わず、新島の周辺の人たちに光を当てるように個人的には努めてきました。外国のミッション（同志社の場合は、アメリカン・ボードですが）や宣教師も、同様に大事だと言ってきました。

早川　その前は新島襄だけだったんですか。何年位前から変わったんですか。

本井　やはり最近でしょうね。なにしろ、かつての新島はスーパーマンでした。私が同志社の中学生のころは、新島先生がつくられた学校だ、の一点張りでした。私たちは、中学一年生で一年間、毎週一回、新島の伝記を校長先生から教わるんですよ。

ところがね、二年前のNHK番組で八重が有名になったんで、私がある県の校友会（同窓会）支部から呼ばれて八重の話をしたんですよ。支部長は私のかつての同級生です。中学校、高校で同じ授業を受けたんですよ。その彼が私に、「八重って誰だ」と聞きました。

地方から来た大学生がいうなら別ですよ。中高で新島のことを一年間か二年間習った同級生が、八重のことをまったく知らない。もちろん、覚馬のことも知りません。そんなレベルだったんですよ。授業でもほとんど触れなかったのでしょう。そんな有様でした。

早川　いえなかったということもあるんですか。

本井　いやいや、教師自身が詳しい情報を持ってなかったんでしょうね。わざと無視したわけではありません。

早川　それは会津の方の事情も一緒ですよ。八重が京都へ行ってしまったので、会津から離れた後のことは、ほとんど知られていませんから。京都の人たちからは、もう少し評価されてもよいと思うのですが。

本井　新島の作った学校だということは、ストレートで通りやすいですね。とくに中学生なんかには、枝葉をあれこれ取り上げるよりはね。デイヴィスなんて紹介すると、アメリカン・ボードというミッションのことからずっとやらなきゃいけない。新島とボードとの関係もちゃんと説明しないといかんのですよ。

早川　山本覚馬のことを取り上げれば、会津藩のこともいわないといけませんよね。

本井　そうなんです。会津の人が何で京都にいるのか、とかね、何で京都府顧問になれたのか、とかね──。

早川　本井先生がおやりになるようになってから、それが明らかになったということですよね。

本井　もちろん、私だけじゃないですよ。私は意識的に新島だけでなく、彼の周辺の事柄や人物をだいぶ拾いました。だから「新島に関する本井の本を読めば読むほど、新島の位置が相対的に下がってくる」と言われたりしました。新島のことをわざと冷評しているんではないですよ。要は、新島ひとりではない、周辺もいかに大事か、ということです。

たとえばA・ハーディーの存在など、ことさらに強調してきました。アメリカでハーディーさんという「お父さん」にめぐり会った—こんなことは学内にいる中学生も知りませんでしたよ。私は同志社が近年につくった学内のコンサートホールにね、「ハーディーホール」という名前を付けたんです。これで「ハーディーって誰や」、「アメリカのパパらしい」といった風に、私の学生時代とは違って、ぐんとハーディーの知名度が上がりました。

別の校舎に「覚馬館」とつけたい、と提案したこともありますが、残念ながらすべってしまいました。覚馬に関しては、学内でもまだその程度の認識です。

私の今の願いは、今建築中の巨大校舎に、覚馬か会津ゆかりの館名を付けることです。

早川　新島襄の周辺を調べていくと、会津ばかりでなくて、海外にも目が向きますよね。

本井　ハーディーホールのおかげで、ハーディー（彼はミッションの理事長ですから）抜きに、つまりはアメリカン・ボードというミッション抜きに、同志社はできなかったことが、だいぶ認識され始めました。

覚馬もそうです。何で京都にあの時期にこんな学校ができたのかということは、これまでほとんど疑問にならなかったんです。

今、京都と同志社との関係はラブラブです。けれども、今の学生たちは今の京都の状況を、百三十数年前の開校の時へ、そのまま移行というか、タイムスリップさせているから、全然、問題が見えてこないんです。昔は完全にミスマッチなんですよ。「何で京都に立地した、いや立地できたのか」は、覚馬というカードを切らないと、絶対に解けないミステリーです。今は徐々に「覚馬はすごい」という評価が出始めています。

八重の姪に失恋した蘆花

早川　京都でのことですが、徳冨蘆花《ろか》と久栄《ひさえ》（覚馬の娘）のことはどうなんですか。娘といいましても、京都で後妻との間にできた子供でしたが。

本井　今風にいうと、普通の学生恋愛ですよね。ただ、久栄自身が飛んでる女で、むしろ蘆花を手玉にとったということで、新島夫妻からも反対された。

それ以上に新島自身は、学生の恋愛は本来、好ましくないというポリシーですから、そもそも付き合うこと自体がいけないんです。

早川　娘のお母さんの時栄《ときえ》（つまりは覚馬の二度目の妻）は追い出されてしまうみたいですが、本当はどういう結末だったんですか。

本井　不倫したといわれています。しかも、不倫の相手が会津の学生だという話が伝わっていますが、これは怪しいですね。時栄自身が祇園の出だから、娘の久栄もこうなったんやというのは嘘ですよ。嘆いた丸本志郎さんという人が、『憤りを発し老京都芦花を論ず』という本で、ウソを暴いています。

で、中野好夫《よしお》さんの『蘆花徳冨健次郎』、あれも俗説に従って書いてます。それを丸本さんがクレームをつけたので、中野さんは改訂版で丸本さんの説を入れて訂正しましたよ。祇園の出ではないと。

早川　蘆花が『黒い眼と茶色の目』という小説で間違ったことを書いたんですよね。

本井　蘆花はね、あの当時の情報と、何十年か後の記憶に基づいて書いたうえに、山本家に対しても思い込みや偏見を持っていたわけですから。

早川　久栄に振られたわけですよね。

本井　そうなんです。

早川　久栄は同志社女学校の卒業ですよね。

本井　女学生のときに、男子校の蘆花とラブラブになったんです。私的に婚約を交わすところまでいったんですが、周辺からとんでもないということで、強制的に別れさせられた。それで蘆花は怒って同志社を中退して鹿児島へ飛び出す。

早川　そういううらみつらみがあって、小説になり、それが広まってしまったということですか。

本井　小説の力というか影響は、すごいですね。しかも、祇園の女、と言った方が面白いわけですよ。面白い話は伝わります。嘘ほど伝わるんですから。

早川　八重も久栄の母親の時栄のことをいじめたんですかね。

本井　結局、八重は兄嫁を追い出します。だから、悪妻のレッテルをまた一枚、貼られることになります。この場合、新島が時栄の離縁に反対をしても、八重は自分の判断で突っ走りました。

新島としては苦笑いです。「お前さんは強情や。知事やお兄さんから結婚前に聞いておったけれど、聞いていた以上に強情」と。笑いながら言うのが新島らしいですね。決して頭ごなしにしからない。まぁ、しゃないな、という感じです。

早川　そうした男女が織りなす人間模様というのが八重の周辺にはあったわけですから、これはドラマになりますよね。

本井　そうですね。新島みたいに潔白な人間だけでは、おもしろいドラマはできませんよ。

早川　目が不自由な覚馬に女の人がいたということは、どういうことですかね。

本井　京都に来て目が突然不自由になったわけではないんです。しだいに目が悪化し、脊《せき》髄《ずい》もやられて歩けなくなります。うらさんを会津に置いてきていますから、身辺の世話をする女性が必要なのです。これが時栄で、やがて、本妻になります。

早川　その二度目の奥さんが追い出されるわけですよね。

本井　新島が八重に「そこまでせんでもいいのに」と言ったのは、このときの話です。
早川　追い出された時栄はその後どうなったんですか。
本井　小説ではね、アメリカに行ったとか、行かないとか――。
早川　娘の方は、早く死んでいるんですよね。
本井　新島が死んだ三年後に、二十一、二歳で亡くなっています。
早川　本当に飛んでる女だったんですかね。
本井　覚馬の娘はもう一人います。峰です。同志社の卒業生で牧師となった横井時雄（後に第三代同志社総長）の妻になります。彼は義妹の久栄が死んだときに、「爆裂弾を抱いた女だった」と言って、どこかホッとしています。今でいうと自爆する女ですかね。自分だけでなく、周りもダメにするような。
　山本家ではうらさんと時栄は、完全に悪役ですよね。同じ娘でも長女の峰は優等生で、新島もお葬式の告別説教で褒《ほ》めています。それに対して新島と八重とは、二人そろって久栄を悪く言っています。とすれば、ある意味、蘆花は犠牲者ですよ。しかし、恋愛をした限り、当時は彼も悪いんですよ。
早川　そんな女に手を出したからですか。

本井　相手が誰であれ、校則上、付き合うこと自体がいけないんです。学生はひたすら勉強せよ。男女交際は卒業してから、というのです。

意気投合した新島襄と覚馬

早川　それから覚馬はクリスチャンになりますよね。理解しようともしますし。象山の場合は、あくまでも儒学ですよね。覚馬の方がより開明的じゃないですか。

本井　覚馬は師の象山から離れてキリスト教に走った。鬼子になったわけですよ。なぜ覚馬が、そういうふうに、当時の支配的なリーダーや思想家から離れたのかというのは、きっかけがよく分かりませんね。

早川　目の病気と信仰とは関係があったんでしょうかね。

本井　肉眼をやられたために、心眼が開かれた、と言えなくもないですが、これは個人差がありすぎます。彼の場合、薩摩藩邸にとらわれている間に完全に失明したといわれています。

早川　どんな病気だったかは分かりませんか。

本井　砲術師でしたから、火薬の硝煙が原因でしょうか。ソコヒだったとの伝承もあります。彼と接触した宣教師のM・L・ゴードンは、実は目医者なんです。自分も目をやられています。宣教師でありながら、覚馬とあれだけ親しくなれたのは、覚馬を治療する、助言をする医者であったというメリットが、かなりあったんですね。これはほかの宣教師にはない武器です。

　だから、覚馬もゴードンからキリスト教のことを習ったり、キリスト教入門書（漢文）の『天道溯原《そげん》』をもらったり、といった関係になるわけです。そのゴードンが大阪の川口に借りた屋敷に、アメリカから帰った新島が下宿します。

　ついで、京都の博覧会（これ自体、覚馬の建策）中、ゴードンが三条に町家を借りて住んでいるところに新島は大阪から来て、京都でも転がり込む。そして、ゴードンから覚馬に会うように、という指示、助言をもらう、ということになります。すでにゴードンは、京都に来るたびに、すなわちこれより三、四年前からキリスト教のQ＆Aを覚馬と接触するたびにやっております。

早川　ゴードンはどんな人間だったんでしょうか。

本井　この人は、アメリカン・ボードというミッションから日本に派遣された医療宣教師、お医者さんです。だから同志社の教授にはなりますけど、専門の神学者ではないですね。普通、医者は生理学などを教えながら、体育の授業もするんですよ。体育の先生がいない時代ですから。ゴードンは音楽なんです。二代目の音楽の教員です。同志社では医者よりもこっちの方が有名です。

覚馬にとっては、医者であることの方が大事です。しかも、日本語が、おそらく当時の宣教師のなかでは一番できたそうですから、場合によっては、日本語で覚馬とかなり話ができたかもしれない。これはすごいことですよ。

早川　相手が喋ってくれるんだと楽ですよね。

本井　ですから、日本語ができる、眼科医である、本人も目に病気―これらが新島にとってもよかったのですね。京都に入って覚馬に会う三、四年前から、ゴードンがすでに覚馬と接触して、覚馬の頭をキリスト教に向けておいてくれたんですよ。

「もうちょっとで念願の学校が大阪にできたはず」という新島の話に、「では京都でおつくりなさい」、「何ならここの土地を提供（ただし有償）してもよろしい」という返事が返ってきました。やがて、ついでに（というわけじゃありませんが）嫁さんも、という話になります。これは美味しいですよ。

早川　そうすると、覚馬の方が八重よりも、キリスト教への理解が早かったということですかね。聖書も早くから読んでいたようですし。
本井　そうですよ。『管見』からもうかがえるように、仏教に対しては、かなり強く批判をしています。その反動としてでしょうか、これからはキリスト教だ、という気持ちになったと思います。八重にはそういうことは、まったくありません。

クリスチャンとしての八重の評価

早川　クリスチャンとしての八重はどうだったんでしょうか。
本井　難しい質問です。彼女は三十歳を前にしてお兄さんから勧められて、英語とキリスト教を勉強し始めます。まず、動機が自主的ではなくて、兄から言われて始めています。だからあの人は、お兄さんが生きている間は、兄の土俵で生きないといけない、というプレッシャーを受けたというか、ある意味、宿命的な女性ですよね。
早川　年も離れていますしね。
本井　十七歳ほど離れています。京都では半ば、親代わりです。全面的に頼ったんですから、八重としてはしょうがないですよね。だからお兄さんがキリスト教や英語を勧める以上、やっぱり努力してやろうとします。そこへ、多少早かったんですけれども、将来の旦那となるべき男性が現れた、そして洗礼を受けたうえ結婚することになった。だから、ある意味、熟していない。

じゃ、結婚してから、旦那から教わったり、教会にきちんと行ったりして、信仰を熟成させたかというと、その記録も実はあまりないんです。彼女の信仰生活は、記録で見ようとする限り闇の中です。ただ、十四年間の結婚生活では、校長夫人として、牧師夫人として、はたまた宣教師夫人として、それなりに振舞ったと思いますよ。

早川　八重には自分の立場ができたわけですからね。

本井　ところが、旦那が死んで、一種の重しが取れてしまったら、どうなったのかということ、これがよく分からないんですよ。記録がありません。

早川　それは八重にとどまらずに、日本のクリスチャンの特徴ではないですか。

本井　一般的な傾向としては、そうですね。とくに若い頃、入信した人で、その後、キリスト教を「卒業」する例は、ある意味、日常的です。洗礼を受ける人が次々と現われても、ざるに水を入れる感じで、ザーザーと抜け落ちてしまう。だから、いつまでたっても信者の人数は国民総数の一パーセントをまず超えない。

早川　八重の問題であると同時に、日本人の信仰の問題があるんではないですか。

本井　八重の場合は記録がないから、推測が当然混じるわけです。興味深いのは正反対の回想があることとです。八重さんは最期まで立派なクリスチャンだった、と証言する人がいる。その一方で、あの人はクリスチャンではないと断言する人がいたりする。同時代の証言のうち、私たちはどっちを信じていいかですよ。

材料が少ないだけに、こうあって欲しいという立場からすると、当然、終生、立派なクリスチャンとして生き、そして亡くなった――これは教会や同志社の立場からすれば、ありがたいですね。ところがそうじゃないという回想がある以上、第三者の資料をさらに集めるとか、本人が残している回想を集めたり、資料を調べ直したりすることが必要ですね。なにしろ牧師（宣教師）夫人でしたからね、無視できないですよ。

この点は、まだ誰も手をつけていません。でも、やるべき課題です。私もいずれきちんと分析したうえで、私の見解を出します。だから、今申し上げていることは、結論じゃありません。ひとまず「中間報告」としてお聞き下さい。

ハートの人であった新島襄

早川　結論としては、新島襄が偉かったということですかね。

本井　そういう見方が結果的に際立つんですよね。前回のNHKの番組、「歴史秘話ヒストリア」でも、担当ディレクターは独身の才女でした。八重を主人公にした番組を作りながら、最終的には襄に惹かれたというんです。やっぱり襄は偉いと。あれだけの女性が外に飛び出さないように、とにかく自分の土俵のなかにうまく引き止めたのはすごい、と言っていました。

早川　ところで会津からは明治学院の井深《いぶか》梶之助も出ているんですが、明治学院と同志社は同じプロテスタントのはずですが、どこが違うんでしょうか。

本井　基本的には教派が違います。井深は長老派です。日本ではいくつかあるプロテスタントの教派のなかで、長老派は信徒の数では最大です。京浜地方、学校で言えば明治学院が拠点でした。その後、明治学院は神学校が無くなりましたから、今は三鷹の東京神学大学、これが井深や植村正久らの流れを引き継いでいます。神学校としてはおそらく日本で最大級です。

これに対して、メソジストとか、バプテストや、あるいは同志社が所属していた会衆派というのは、パワーがやや落ちるんですよね。同志社は会衆派（日本では組合教会派）のリーダーなんですけれども、プロテスタントのセクトのなかでは、数的には二、三位なんです。東京と関西という立地条件の違いもありますからね。

新島の晩年、長老派と会衆派という二大教派の間に、いわば結婚話が生まれました。教会（教派）合同運動といいます。最終的には新島の反対もあって、これがだめになりました。

キリスト教以外の方から見れば、コップのなかの嵐ですよ。いくつもの教派が何で分かれて存在しているのか。どうして一緒になれないのか、まか不思議です。ただ新島からみると、自分たちの会衆派と井深らの長老派は、基本的に教義、とりわけ教会運営が根本的に違うので、合同は流れてしまったんです。

その点、覚馬や八重は教派観に関しては、こだわりがほとんど無かったと思います。というよりも、新島ほどにはよく分からなかったと思います。

早川　戦後の昭和三十年代に学界というか、経済学部に属して、いままで見ていますが、いつもの時代もそうですが、政治権力、制度といいますか、富があるところに、経済学の場合には、最終的にはそっちに流れてゆくんですね。だから私は、日本でマルクスが全盛だったのは、ソ連というナンバー2の、しかも、アジアにも領土があるソ連に従ったんだと思いますよね。それがだめになると同時に、セクトは権力についてゆくと考えています。

本井　権力というと、新島は中央集権的な発想や体制には批判的です。教会合同運動に反対したのも、長老派の中央集権的な教会運営に問題を感じていたからです。

早川　今は大学は組織ですが、創立のときは、その人の人格によって、学校が大きく伸びてゆくんですよね。人格と経営手腕ということになると、学長としては新島、理事長として覚馬ということですかね。

本井　新島は学校行政とか学校管理には向いておりません。彼の長所は、管理者ではなく人格《キャラクター》でしょうね。この点だけは誰にも負けない。他の面ではもっとスゴイ人がいくらでもいます。早い話が、新島は学者ではありません。論文ひとつありません。本もまったくありません。講演もしますが、本にして売れるかというと、まあ難しい。

でも、講演や説教を直接に聞いた人は、たいてい感激するんです。人格的な面では、内村鑑三や植村正久以上でしょうね。つまり、頭の人ではなくて、ハートの人ですから、実際に接したり、話を聞かないと、なかなか偉さが分からない。

そんなことから教育者、あるいは人格者や宗教者としては一流だと思いますが、学者、思想家としては今一つです。いわゆる「熊本バンド」の連中からは、同志社の学生時分から、かなり馬鹿にされますよね。演説も彼らの方が上手ですよ。でも、ハートで迫る演説には負けるといいますよね。

早川　たしかに「熊本バンド」からいろいろ言われていますね。八重も批判されたり──。

本井　この前のＮＨＫの「歴史秘話ヒストリア」でも、公開の席上、「熊本バンド」のひとり、徳富蘇峰が目の前にいる新島夫妻に向かって、「鵺《ぬえ》のような女がいる」という問題発言をする──これは、よく知られていますね。八重の服装が不統一だというのです。頭と足が西洋で、胴体が日本、という実に奇妙な化物がいる、とやるわけです。

それに対して、八重は動じない、というのがすごいですね。むしろ新島の方がおろおろしたでしょうね。演説のあと、蘇峰を呼びまして「ああいうことは個人的に私に言ってください」と多分言ったと思いますよ。一方の嫁さんの方は、しゃあしゃあとしています。そのキャラの差が面白い。男尊女卑で育った「熊本バンド」の連中からしてみると、八重は校長を尻に敷く悪妻です。評判はよろしくないですね。

早川　蘇峰の罵声にたじろがなかった八重は、男顔負けというか堂々としていますよね。戦場に立った者のある種の自信ではないですか。それだけに、薩長へのわだかまりは、なかなか抜けなかったようですね。

本井　薩摩出身の学生からすれば、会津出身の学生との待遇がえらく違いすぎるやないか、ということですよ。だから新島は、聖書が「汝の敵を愛しなさい」と教えるように、薩摩の学生も同志社の学生だから、よろしく面倒を見てほしいと八重に懇願する。

新島の最晩年になって、ようやく八重が薩摩の学生を正月のカルタ会に呼んだ。カルタ会というのは、会津で娘時代にやっていた大事な年中行事でしょうね。それに薩摩の学生を呼んだのです。それを旅先で聞いた新島は、舞い上がらんばかりに喜びました。「八重さん、やった！」と叫んだかも知れませんね。これでやっと聖書の教えに順じてくれた、と旅先でひそかに喜んだに違いありません。

早川　最終的には、八重と蘇峰は和解をするんですよね。

本井　そうなんです。蘇峰は新島が亡くなったときに、これまでのことを反省しまして、「これからはあなたを新島先生と目して、新島先生に対したように仕えます」と約束して、手うち式とします。それまでは、尊敬する大事な新島先生を尻に敷いたり、いじめる悪妻、という意識がありました。けれども、恩師の新島に死なれたら、今度はあなたを新島先生の代りと見なします、と約束して、サポーターになりました。

早川　私はよちよち歩きのときに、父が蘇峰の顧問弁護士をしていた関係で、蘇峰と会っているんですよね。それだけに、八重をなじったというのを聞いて衝撃を受けましたが、仲直りしたのであれば、会津人としてホッとします。

それから、八重の後半生で言えば、ＮＨＫはおそらく、日清、日露戦争の従軍看護のことを詳しくやるんではないですか。

本井　詳しくしても、どれくらい持つかですよ。長くても二、三回でしょう。

早川　前線にいったわけではないですよね。

本井　そう、大阪と広島の病院へ何か月か、ですからね。しかも、自分が直接看護するというよりも、若い看護婦を引率して、その面倒を見るというか、取り締まる婦長ですよね。

早川　八重の長い生涯を通してみると、一番のクライマックスは会津戦争であり、新島襄と夫婦になったことでしょうが、新島八重という一人の女性をトータルに論じようとすると、一筋縄ではいかないということを、今日は本井先生から教わりました。ＮＨＫがその辺りをどう料理するか、きっと楽しませてくれるものと、私は今から期待しています。

本井　大河ドラマを見る人すべてが、会津といわず、東北の皆さまが、八重から元気と勇気を与えられる番組にしてほしいですね。八重は、「復興」のための希望の星になれる人ですから。

第3部　新島八重と山本覚馬の資料

本井康博

資料の一覧

資料編では次の八種類の資料を紹介する。①から③までが新島八重、④から⑥までが、山本覚馬に関するものである。⑦は創立当時の同志社（英学校）の消息に関する記述である。

①新島八重略歴
牧野虎次『同志社校友同窓会報』（第六十六号、一九三二年七月）

②新島八重追悼説教
山室軍平（『同志社校友同窓会報』（第六十六号、一九三二年七月）

③新島八重追悼文
徳富蘇峰（『東京日日新聞』一九三二年六月十六日）

④山本覚馬略歴
徳富蘇峰『三代人物史』（読売新聞社、一九七一年）から

⑤『管見』（山本覚馬建白）

⑥山本覚馬翁の『管見』を読む（竹林熊彦）

⑦創立当時の同志社（英学校）の消息
早川喜代次『徳富蘇峰』第二版第三章「同志社」（徳富蘇峰伝記編纂会、一九七九年）

資料解題――新島八重と兄・覚馬――

本井康博

新島八重

新島八重は長寿でした。享年八十六でした。葬儀は、同志社の学校葬（同志社の場合、社葬です）として、大々的に行なわれました。式場は、彼女が新婚時代に創業に係わった同志社女子部の講堂（栄光館ファウラーチャペル）です。

式はキリスト教式で執り行われました。来賓を始め、生徒、学生、教職員を含めて、二千人ほどの会衆がチャペルを埋めました。各界から多数の花も贈られました。会津の関係者、とりわけ旧会津藩主・松平家からのものが、ひときわ目を引きました。戊辰戦争で藩主（松平容保《かたもり》）のために従軍した八重にとっては、殿の子孫からの弔いの花は、何よりのプレゼントでした。

生前の八重の希望もあって、追悼説教は、山室《やまむろ》軍平が担当しました（資料①）。彼は、同志社神学校の卒業生で、当時は「日本救世軍の父」と呼ばれるほどの、日本を代表するキリスト教世界の指導者でした。説教にあるように、生前の八重とは師弟のような関係を結んでいました。

略歴を作成し、朗読したのは、これまた同志社神学校卒の牧師、牧野虎次です（資料②）。彼は当時、京都市内にある平安教会の牧師を務めていました。八重は晩年、この教会の日曜礼拝に足を運ぶことがしばしばあった、といいます。

弔辞も多数、寄せられました。

各種の新聞、雑誌も八重の永眠を報じました。そのなかでは、十三歳で同志社に入学したその日から、永眠するまでの八重を知る徳富蘇峰《そほう》のものが、出色です（資料③）。同志社の学生時代、公開の席で公然と校長夫人（八重）を批判したこともある蘇峰ですが（資料⑦）、最大の恩師・新島襄の死後は、新島に代えて八重を一貫してサポートする立場に転じました。

自らは、学生時代に恩師の新島から洗礼を受けたことを、同志社を中退するやすぐに「返上」したにもかかわらず、この追悼文の中では、「八重は、終生、一貫してクリスチャンであった」と評価しています。

山本覚馬

新島八重の周辺で、八重にもっとも大きな感化を及ぼしたのは、兄の山本覚馬《かくま》です。歳が十七歳も離れていることも手伝って、とくに父親が戦死した後は、八重の父親代わりです。「八重の桜」（大河ドラマ）では、準主役になりそうです。

これに比べると、新島襄の感化は、夫婦であった期間が短いこともあって、限定的です。もちろん、宗教的な影響は、圧倒的です。新島の指導により、覚馬も八重も信徒になりましたから。

覚馬、新島という二人に比べると、最初の夫、川崎尚之助《しょうのすけ》は、八重の人生の中では、どう見ても影が薄い。現時点では、川崎の資料が決定的に少ない、という点からも、闇の中、と言わざるをえません。

一方、覚馬の経歴は、ずっと透明です。略歴は、徳富蘇峰による紹介記事（資料④）が、よく出来ています。八重や新島襄のよき理解者であっただけに、蘇峰は覚馬の偉大さをよく見抜いております。

幅広い覚馬の働きの底流にあったのは、『管見《かんけん》』（資料⑤）に表白された古都再生、というより新日本建設のためのグランド・デザインです。もともと、会津藩の砲術師範であった覚馬は、戊辰戦争（鳥羽伏見の戦）では、薩摩を相手に銃撃戦を展開いたしました。けれども、敗者となって薩摩藩に囚われ、薩摩藩邸に幽囚されました。

その間に、目と脊髄《せきずい》の障害が悪化し、ついには目が見えず、歩けない身となりました。彼は弟子の野沢鶏一《けいいち》に自分の所見を口述筆記させ、薩摩藩に提言いたしました。それが『管見』です。

これは、実に幅広い分野にわたる意見書、いわば建白書です。現に同志社大学が保有する写本には、「管見」ではなくて、「山本覚馬建白」と表題されています。

提言は、政治、経済、教育、暦、国際法、医療など二十二項目にも及びます。短文ながら中身は実に濃密です。具体性に富んでもいます。

薩摩藩の首脳たち、とりわけ小松帯刀《たてわき》や西郷隆盛を唸《うな》らせた、と伝承されているほどの出来栄えです。これ以降、にわかに囚人・覚馬の待遇が変わり、丁重な扱いを受けるようになった、とさえ伝わっております。それほど、凄《すご》い内容です。覚馬は、時代を遥かに見通すだけの「心眼」の持ち主です。

この『管見』に関する適切な解説としては、竹林熊彦「山本覚馬翁の『管見』を読む」

（資料⑥）があります。竹林は、日本における図書館学のパイオニアです。

同志社専門学校、京都帝国大学の出身者で、同志社で予科教授をした後、九州帝大や京都帝大で図書館職員（司書官）として大きな功績を残しました。

竹林が感嘆するような見識を覚馬はいったいどこで得たのでしょうか。会津藩校の日新館（蘭学所）教授になる前のことですが、彼は江戸で当代一流の文化人たちと交流しております。佐久間象山、江川太郎左衛門、勝海舟、武田斐《あや》三郎といった人たちです。長崎では、オランダ人医師のポンペやC・レーマン（ドイツ人商人）、T・B・グラバー（スコットランド商人）、K・W・ハラタマ（オランダ人化学者・医学者）らと接触しております。さらに京都に移ってからは、木戸孝允《たかよし》、岩倉具視《ともみ》、江藤新平、福沢諭吉、西周《にしあまね》らです。

こうした人たちとの交流を通じて、覚馬はしだいに独自の見地を開拓していきます。たとえば、万国公法です。いまの国際法に当たります。坂本龍馬が、早くに万国公法に通じていたことは、よく知られています。当時、こういったことを論じることができる人は、ごく限られていました。

経済論に関しても、群を抜く存在でした。初代大蔵大臣となった松方正義は、財政に関しては覚馬に一目置いておりました。

さらに、教育（洋学、女子教育）にしろ、宗教（キリスト教）にしろ、その見識は、時代をはるかに抜きん出ていました。八重も新島も、実は覚馬が敷いた路線を歩むことになります。キリスト教や宣教師にいち早く接した開明性と先進性が覚馬になければ、新島との出会いはありえませんでした。

同志社の開校、とくに京都での開校を論じる場合、覚馬は新島襄と並ぶ最大の功労者です。そればかりか、彼抜きには、八重と新島とのめぐり合いも考えられません。新島の人生で大きな転機を生んだもの、それは山本兄妹《きょうだい》にほかなりません。

『管見』効果によって、覚馬は戊辰戦争の敗け組でありながら、勝ち組から取りたてられます。覚馬は府庁の顧問（府知事のブレーン）に招かれ、さまざまな政策策定の要《かなめ》の地歩を占めるに至りました。これには、学友の西周の推薦も力になりました。が、最終的に決め手となったのは、やはり『管見』に明示された開明性と国際性でしょう。京都府は、とりわけ彼の国際的な視野の広さに魅かれました。

現在の国際観光都市・京都の起点も、ここにあります。たとえば、首都《みやこ》を東京に奪われた京都の救済策、いわば「まち起こし」のために覚馬が立案、企画したのが、毎春の博覧会です。この種のイベントとしては、日本初の試みです。外国人観光客の誘致が狙いです。その他、覚馬が進言したことは、次々と行政に反映されます。古都の再生は、こうして具体化されていきます。

覚馬は、単に政策の立案者に止まりません。文字通り、身体《からだ》を張って、府民に模範を示す使命がありました。重度の身体障害にもかかわらず、府議会が設置されるや、議員として出馬するだけではなく、初代の議長として、みずから議会運営のノウハウを身体でもって次世代に伝授します。

財界活動でも同様です。欧米の商工会議所をいち早く京都に導入し、門弟の高木文平に会頭を任せます。しかし、結局、二代目の会頭として前面に出ざるをえませんでした。

覚馬は、八重同様に、いろいろの場面で立派に開拓者《パイオニア》でした。

① 新島八重略歴

牧野　虎次

我等《われら》ハ知ル、我等ノ幕屋《まくや》ナル地上ノ家壊ルレバ、神ノ賜フ建物、即《すなわ》チ天ニ在《あ》ル、手ニテ造ラヌ永遠ノ家アルコトヲ。我等ハソノ幕屋ニアリテ歎キ、天ヨリ賜フ住所ヲ、コノ上ニ著ンコトヲ切ニ望ム。

噫《ああ》、新島八重子刀自《とじ》ハ遂ニ逝《ゆ》ケリ。刀自今春、八十六歳ノ齢ヲ迎ヘラルヽヤ、門下ノ故旧ハ期セズシテ各方面ヨリ米寿ノ賀詞《がし》ヲ呈シテ、天寿ノ豊カナルヲ祝シタリキ。惟《おも》フニ刀自ハ、最後マデ新島夫人ノ面目ヲ完《まっと》フシツヽ、夫君ノ書斎ナル自室ニ於《おい》テ、溘然《こうぜん》眠ルガ如《ごと》クニシテ逝《ゆ》カレヌ。于時《ときに》昭和七年六月十四日ノ夕ナリ。

刀自ハ弘化二年十一月三日朝、会津藩士山本家ニ生ル。父ハ権八《ごんぱち》、母ハサク子〔佐久〕、家ハ甲州ノ軍師、山本勘助ノ後ナリト言フ。明治元年秋、会津籠城ノ際、刀自ハ二十四歳ノウラ若キ身ナガラ、矛《ほこ》ヲ取リテ故国ノ難ニ参加シ、専《もっぱ》ラ後方勤務ニ従ヒシガ、其《その》開城

〔落城〕ニ際シテハ、痛憤禁ゼザルモノアリ、一首ヲ城壁ニ題シテ曰《いわ》ク。

明日の夜は何国の誰か眺むらむ　なれし御城に残す月かげ

二十七歳ニシテ兄覚馬氏ニ招カレ、母ト姪トヲ伴ヒ、健気ニモ会津ヨリ京都ニ移レリ。覚馬氏ハ曽《かつ》テ公武合体論ヲ以《もっ》テ、藩主松平容保《かたもり》ヲ輔《たす》ケ、京洛《きょうらく》ノ地ニ活躍セシ志士ナリ。明治年代ニ移リ、病ヲ養ヒ閑居ノ後モ、隠然朝野《ちょうや》ノ間ニ重ゼラレ、廟堂《びょうどう》諸公ノ諮問ニ応ジ、盲目躄者《びゃくしゃ》ノ身ヲ以テ、京都府会議長トナレリ。

而《しか》シテ刀自ハ、雄々《おお》シク躬《みず》カラ令兄ヲ負ヒ、出入毎ニ、影ノ形ニ伴フ如ク斡旋、看護到ラザル処《ところ》ナカリキ。加之、刀自親《みず》カラモ府立第一高等女学校ノ前身タル女紅場《にょこうば》ニ教ユルコト、約四年ニ及ベリ。

新島襄先生新帰朝ノ身ヲ以テ、明治八年夏京都ニ来リ、覚馬氏ト一見旧知ノ交リヲ結ビ、相協力シテ同志社ヲ創立セラレル、ニ当リ、幾許《いくばく》モナクシテ刀自トノ婚約成リ、翌九年一月二日、デヴイス博士ノ司式ノ許《もと》ニ、結婚式ヲ挙ゲラル。司式ノ前ニ刀自ノ受ケラレタル洗礼式ト、基督《キリスト》的結婚式トハ、共ニ京都基督教界ニ於《おけ》ル「レコード」ナリキ。

爾来《じらい》、先生在世中ノ十五年間ハ、伉儷《こうれい》甚タ篤《あつ》ク、琴瑟《きんしつ》相和シ、刀自内助ノ功頗《すこぶ》ル多シ。殊ニ学生ヲ愛撫《あいぶ》シ、門下ニ出入スル多クノ青年男女ヲ薫陶シ、先生ノ感化ヲ恰ネカラシメタルコト、尠少ナラザリシナリ。

明治二十三年一月、先生大磯ノ客舎ニ逝《ゆ》カル。刀自時ニ四十六。爾来《じらい》刀自、独リソノ旧居ヲ守リ、夫君ヲ偲ビテ、惻々《そくそく》遣《や》ル瀬《せ》ナキモノ、如シ。当時ノ述懐ニ曰ク。

心あらば立ちなかくしそ春霞み　墓の山の松のむらたち

刀自ニ子ナク、先生亦嗣《し》ヲ立ツルノ意ナシ。同志社ヲ家トナシ、門下生ヲ児トナストノ先生ノ遺志ヲ承《う》ケ、刀自ハ遺産全部挙ゲテ、コレヲ同志社ニ寄与セラレタリ。予、不肖ノ身ヲ以テ当時刀自ノ旨ヲ奉ジ、諸先輩ト同志トノ意見ヲ徴シ、同志社ノ当局者ニ対シ、遺産譲渡ノ手続ヲ了セリ。

ソノ際、刀自ハ啻《ただ》ニ遺産ノミナラズ、万一ノ場合ニハ、葬式ノコトマデモ頼ムト仰セラレ、後事一切ヲ同志社ト、ソノ門下生トニ托セラレタリ。今ヤソノ新島邸ニ校友、同窓、相図ッテ新島会館ヲ建テ、永ク恩師ヲ記念セントス。洵《まこと》ニ刀自ノ志ヲ成スモノト謂《い》フベキカ。唯、刀自ガ其竣工ヲ見ズシテ逝カレタルヲ憾ムノミ。

先生ノ没後、刀自ハ日本赤十字社ニ関係シ、日清日露ノ戦役ニハ、篤志《とくし》看護婦トシテ傷病兵ノ看護ニ従事シ、殆ンド寝食ヲ忘ル。功ニ依リテ叙勲ノ恩命ニ浴シ、従軍徽章《きしょう》ヲ拝受セラル。往年世ヲ憂ヒ、国ニ殉ゼント覚悟セシ女丈夫ノ面影ハ、斯《か》クモ刀自ノ終生身ヲ終ル迄、躍如タルモノアリタルナリ。

刀自ハ晩年、茶事ヲ嗜《たしな》ミ、殆ンド脱俗ノ観アリ。サレド同志社ニ事アル毎ニ、憂心禁ゼザルモノ、如ク、屢々《しばしば》門下ノ故旧ニ対シテ訓諭セラル、所アリシガ、慎《つつし》ンデ当局処置ニ対スル批判的態度ヲ避ケラレタリ。殊ニ同志社女学校ノ如キハ、創設ノ際ノミナラズ、其後教鞭ヲ執ラレタルコトアルニモ拘《かかわ》ラス、常ニ自ラノ分ヲ守リ、毫《ごう》モ干渉ケ間敷《ましき》言動ニ出デラレタルコトナク、只管《ひたすら》至誠ヲ以テ天父悃禱《こんとう》セラル、外、又余念ナカリシナリ。蓋《けだ》シ刀自性格ノ本領ハ、斯《かく》ノ辺ノ用意ニ依リテ、其ノ一斑ヲ察スベキカ。老来修養ノ工夫自ラ至リ、刀自ノ心境ハ弥々《いよいよ》琢磨《たくま》ノ功ヲ積ミ、温容慈眼、接スル者ヲシテ宛《さなが》ラ恩師ノ徳風ニ接スル如ク、敬慕ニ堪ヘサラシメタリ。

大正十三年十二月、時ノ皇后陛下、同志社女学校行啓ノ砌《みぎり》ニハ、特ニ単独拝謁ヲ許サレ、親シク有難キ御詞ヲ賜ハリタリ。刀自ノ光栄ハ元ヨリ、実ニ我同志社ノ誉ト言フベシ。

刀自、性来健康ノ体質ヲ受ケ、老イテ益々矍鑠《かくしゃく》タルモノアリシガ、昨年夏以来、胆嚢《たんのう》ト十二指腸トヲ患ハレ、病勢一進一退、捗々《はかばか》敷《し》カラス。サレド元来快活ニシテ、物ニ拘泥《こうでい》セラレザル風ハ、疾病ニ対シテモ同様ナルモノアリ。最後ニ至ルマテ嗜《たしな》メル茶道三昧《ざんまい》ニ日ヲ過シ、興到レバ、時ニ心身ノ運動其《その》度ヲ過シテ顧ミズ、以テ逝去ノ前日ニ至レリ。

今年ノ元旦ニ、勅題暁雞声《けいせい》ヲ詠マレタル句ニ曰《いわ》ク。

幸多き年来にけりと諸人に　あかつき告ぐるくだかけの声

夫君ノ没後、四十二年ノ今日、最早《もはや》思ヒ残ス処ナキ塵ノ世ヲ去リ、刀自ノ憧憬須臾《しゅゆ》モ措カレザル天《あま》ツ御国《みくに》ニ御跡ヲ追ハル、コソ、真ニ本懐ノ至リト言フベキカ。年頭ノ所詠ハ会《たまた》マ識《しるし》ヲナシタルモノナラン。

聖句ニ曰《いわ》ク、エホバノ聖徒ノ死ハ、ソノ御前《みまえ》ニ尊シ〔『旧約聖書』詩篇一一六篇十五節〕。彼等ハソノ享《う》クヘキ憩ヒニ入リ、其《その》功コレニ伴ハン、ト。刀自ノ如キハ、其馳《そのは》スベキ馳場《はせば》ヲ適《あっぱ》レ走リ了セタル者ト謂《い》フベク、今ヤ義ノ冠ハ刀自ノ為《ため》ニ天ニ備ヘラレアルヲ信ジ、我等ハ栄ヘヲ天父ニ帰シマツルベキナリ、亜孟《アーメン》。

昭和七年六月十七日

告別式ニ際シ

牧野虎次　謹誌

（『同志社校友同窓会報』第六十六号、一九三二年七月）

② 新島八重追悼説教

山室　軍平

諸君、新島八重子刀自《とじ》の葬儀に説教することに就《つい》ては、或《あるい》は別に私よりも適任の人があつたかも知れません。それにも拘《かか》わらず、私は故人の遺志に由《よ》つて、その務を行ふに至りましたことを、光栄の至と存じます。

明治二十二年の秋、私は新島先生を慕ふて来つて同志社に入学すること丶なりました。然《しか》るに数ヶ月の後、即ち翌二十三年正月、先生は早く世に亡き人となられました。当時私は最下級の予備学校生徒でありましたが、先生を愛惜するの余り同級生と謀うて一つの会を組織し、先生に親炙《しんしゃく》した人々を代る〳〵来て戴いて、先生に関する逸事、逸話等を聴聞すること丶なりました。多分九回か十回か、この種の会合を催したと思ひます。只今の宗教主任、堀貞一君の如きは、二度までもおいでを願ふたと記憶して居《お》ります。

かくして諸君から承《うけたまわ》つた先生の逸事逸話は、ノートに作つて大事に保存して居りました。するとその翌年になつて、石塚正治君がそれを借りたいと云ふので、暫時、貸して置くと、同君はその材料及び他に若干の新聞雑誌の切抜など附加へて『新島先生言行録』といふ書物を編纂せられました。其《そ》の頃、石塚君は私と一緒に彰栄館《しょうえいかん》前にあつた門番小屋で、共に門番を勤めておつたのであります。只今其《そ》の書物は絶版になりましたが、然《しか》し其《そ》の記事の大部分は、山本美越乃君訳『新島襄先生伝』の付録となつてをるやうであります。

右の会合を開催中、若《も》し出来るなら新島夫人に御来会を願ふて、先生の逸事逸話等を承りたい所であつたが、さうも参りかねるので、私は予備学校の生徒を代表して、夫人を丸太町の御宅にお訪ね申したのである。すると夫人は先生の事よりも寧《むし》ろ多く、夫人自らの閲歴《えつれき》を語り、会津の籠城のことから、さては白虎隊の話など、語り聞かされました。

夫人自らに就《つ》いては、其《そ》の節、また二十四歳のうら若き婦人の身を以て、その黒髪を切り、襠高《まちだか》の袴を穿《は》き、襷掛《たすきが》けで、両手を手挟《たばさ》み、砲煙弾雨の間に馳駆《ちく》しつゝ、種々後方勤務に尽力せられた模様など語られました。何でも傷病兵の手当てをする際、繃帯《ほうたい》に用ふべき白い布が無いので、着物の裏の僅《わずか》の白い部分など切り裂いて、之《これ》を用ひられたなどの御話を、今も朧気《おぼろげ》に思ひ出すことが出来ます。

かくて愈々《いよいよ》開城の節となつては、夫人は慷慨《こうがい》に堪ず、お城の金の間の壁に、

明日よりは何処の誰か眺むらむ　慣れし御城に残す月影

と題しておいて去られたことも、其の節、夫人の口から、直接承つたかと憶えて居《お》ります。其《そ》の当時、私が得た夫人に対する印象は、「女丈夫だな」といふ一事であつたやうに思ひます。学校に帰つて後、同級生を会堂に集め、夫人から承つた会津籠城の顚末《てんまつ》を、黒板に図を書きながら報告したのでありました。

夫人は明治九年一月、受洗してクリスチャンとなられました。之《これ》は京都で受洗した人の初であつたと、承知して居《お》ります。私が京都に来たのは、明治二十二年で、其《そ》の翌年、又翌々年の頃は、所謂《いわゆる》「耶蘇《やそ》退治」の演説が尚《なお》盛に行はれて居《お》り、現に其《そ》の頃、四条のある劇場にて催された基督教大演説会には、乱暴人が大騒ぎをして、終《つい》に血を流すに至つた有様を、今も目に見るやうに憶《おぼ》えて居《お》ります。

然《しか》るにそれから十四、五年も前の、明治九年一月、しかも京都市中、誰よりも一番先に、夫人が受洗してクリスチャンとなられたといふのは、もとより新島先生の感化にも由《よ》つたであらう。又其《そ》の令兄、山本覚馬氏の奨励にも由《よ》つたであらう。然《しか》し乍《なが》ら、彼女の勇敢なる快意を以てするに非《あら》ざれば、到底出来ない事であつたに相違ありません。

彼女は会津籠城中に発揮したと同じ女丈夫の精神を以て、基督教を受容《うけい》れたのであらうと考へます。熊谷直実《くまがいなおざね》は、当時に知られた武勇の士であつたが、一旦発心《ほっしん》して仏門に入るや、又同じ勇猛心を其の信仰生活に現しました。彼の歌に、

浄土に剛の者とや沙汰すらむ　西に向ひて後見せねば

とあるのは、それであります。新島夫人のことが、亦聊《またいささか》それと似通ふ所があつたのではないでせうか。私は思ふ、彼女は会津籠城中、四面楚歌の声を聞きつゝ、それでも最後迄、勇敢に立働いたと同じ精神を以て、当時は未だ、四面皆敵ともいふべき境遇にあつた基督教に身を投じ、大胆に基督の側に属した者と考へるのであります。

婦人が率先《そっせん》して基督の側に立つたと言へば、それは古来、似たやうな例が、決して珍しくは無いのである。パウロは幻の中に、マケドニヤ人が「来りて助けよ」と言ふのを見て、始めて欧羅巴《ヨーロッパ》伝道に乗出しましたが、欧羅巴にて最初に彼から福音を聞いて之を信じた者は、ルデヤといふ一個の婦人でありました。

四福音書を見ても、ガリラヤの婦人たちが、早く信仰に志し、又勇ましく主に従ふた有様は、欽羨《きんせん》の至《いたり》に堪へません。彼等はペテロ、ヨハネを始め、弟子たちが事の成行《なりゆき》如何を察し兼ね、戦々兢々《きょうきょう》としてゐる場合に、神に信頼して、勇敢に其《そ》の立場を守つたので

ある。即ちバーレットが彼等を歌ふた言葉に、

彼女は反逆の唇を以て救主を害せず（ユダの如《ごと》く）

彼女は汚れた舌を以て彼を否《いな》まず（ペテロの如く）

使徒たちが畏縮《いしゅく》する時にも、彼女は大胆に危険を冒し

十字架の側には最後まで留り、墓場には最初に詣《もう》でぬ

と云ふてある通りであります。げに「基督教は婦人を崇《あが》めた。而して婦人は又基督教を崇めた」と或人が言ふたのも、尤のこと、申さねばなりません。

新島先生は新日本の使徒であつた。神が選び給ひし器であつた。夫人が其の妻たることを得られたのは、大なる特権である。しかも、其《そ》の先生からあらゆる敬愛を受けられたのは、殊《とく》に大なる特権であつたと思ひます。それと同時に夫人は、只先生から敬愛されたのみならず、真に其の敬愛を受くるに足る人物として、先生に尽くされたのである。

徳富蘇峰《そほう》氏は、先生と夫人とを比較して、「先生は厳格、刀自は快活、先生は慎重、刀自は豪縦《ごうじゅう》」と言はれました。換言すれば先生は仁者、夫人は勇者、先生は君子で、夫人は女丈夫であつた。しかも其《そ》の仁者と勇者、若《も》しくは君子と女丈夫とが相識り、相信じ、相許し、相助け、又相愛して、影の形に伴ふ如く一つとなつて、神と人とに対する奉仕を

励まされたのは、世にも美しいこと、言はねばなりません。

先生及び夫人の結婚生活は、満十四年間に過ぎず、決して長かつたとは申されません。先生は明治二十三年一月、大磯湾頭の客舎で、僅か四十八〔満四十六〕歳にて永眠せられたからである。夫人が後に、

大磯の岩に砕くる波の音の　枕にひゞく夜半ぞ悲しき

と歌はれたのを見れば、真に情緒纏綿《てんめん》である。雄々しい女丈夫の目に、如何に深刻なる愛の涙を湛《こら》へられたかを、察するに足るのであります。

彼女は十四年の結婚生活の後、四十余年間、寡婦《かふ》としての生活を営まれました。その間、日清戦争には、京都赤十字社支部嘱託《しょくたく》として、二十人の看護婦を引率して、広島〔予備病院〕に行かれたやうなことがあり、日露戦役には又、同様、大阪予備病院に出張せられたやうなこともありました。

之は二十四歳の当時、会津城中に試みられたと似たやうなことを、再度繰り返されたものに過ぎません。只其《ただそ》の異る所は、前には会津一藩の為《ため》に尽したことを、この度《たび》は日本帝国の為に尽くされた一点にあつたのであります。

晩年に及んで、夫人は深く茶道に入られた由《よし》承りますれど、不幸にして茶道のことは私

にはよく解りません。何でも之《これ》に由《よ》つて修養上、大《おおい》に得る所があられたと承知しておるのであります。

夫人が晩年、いかに円熟した信仰生活を営んで居《お》られたかに就《つ》いては、「順序書」（葬儀の式次第《しきしだい》）に載せられた故人愛誦《あいしょう》の讃美歌二首は、之を語つて余りがあると思ひます。

いつくしみふかき
主《しゅ》の手にひかれて
このよのたびぢを
あゆむぞうれしき

いつくしみふかき
主のともとなりて
御手にひかれつゝ
あめにのぼりゆかん

と云ひ又

十字架のうへより
さしくるひかり
ふむべきみちをば
てらしておしふ

と言ふ言葉の如《ごと》く、夫人は主《しゅ》イエスの御手《みて》にひかれつゝ、十字架の上より射し来る光に照らされて、この世の旅路を続けられたのであります。

一昨年、太平洋沿岸の米国にあつて、新島夫人が仏門に入られたといふ報道が、彼の国にて発行せらるゝ邦字新聞に出たのを見ました。在留同胞の中には、之を見て頗《すこぶ》る惑ふ思ひた者もありましたが、私は一も二も無く、之を否定したのであります。「此《これ》は屹度《きっと》何かの間違であります」と言ふておいて、帰朝して後、果《はた》してそれが只、建仁寺の黙雷和尚《おしょう》と茶友としての交際をせられたことを、訛伝《かでん》せられたものであつたことを知つたのであります。夫人は決して、其《そ》の基督《キリスト》に対する節操を二、三にする如き人ではなかつたのであります。

去る三月十一日の朝、私は京都に来ておつて、幸ひ一時間ばかりの時間を見出したので、それを利用して、夫人を丸太町のお宅〔新島旧邸〕に御訪ね申したのであります。之は非常な御大患の後であつて、夫人は病床におられましたが、私の来訪を喜び、神の恵の忝《かたじけな》きことの数々語り出で丶、幾度《いくど》か「感謝」「感謝」といふて居《お》られました。

しかる後、「もはや大概《たいがい》御用《ごよう》も済んだこと丶思ひ、召さる丶日を待つて居《お》りますが、未《いま》だその御声に接しません」と、まるで熟した果物が、手の触る丶のを待つて落ちんとするが如く、何等《なんら》執着する所なく、只管《ひたすら》天国の栄《さかえ》を望んでおらる丶有様に敬服したのであります。

「この故に我らは常に心強し、かつ身におるうちは主《しゅ》より離れるを知る。見ゆる所によらず、信仰によりて歩めばなり。斯《か》く心強し。願ふところは、寧《むし》ろ身を離れて主と偕《とも》に居らんことなり。然《しか》れば、身に居るも、身を離るるも、ただ御心《みこころ》に適《かな》はんことを力《つと》む」（「コリント後書」五章六〜九節）とあるのは、全《まった》く新島夫人の最後の信仰、又心事であつたと、思ふのであります。

彼女をして此の如き生活を全うせしめ給ふた神を讃美し、其《そ》の遺族縁戚の方々の上に、此の際、神の御慰の豊《ゆたか》ならんことを祈ります。神が会葬者一同を恵み給はんことを祈る。又神が同志社を恵み給はんことを祈る。

（『同志社校友同窓会報』第六十六号、一九三二年七月）

③ 新島八重追悼文

徳富　蘇峰

時代の波―新島老夫人の永眠―

天地は万物の逆旅、光陰は百代の過客。今更《いまさら》ながら時代の波は、何物をも、何人をも漂はし来り、漂はし去る。昭和七年六月十四日、新島襄先生の夫人八重子刀自《とじ》、八十八〔満八十六〕歳にして、京都丸太町新島先生の旧宅に逝《ゆ》く。嗚呼《ああ》悲哉《かなしいかな》。

刀自は会津の人、其《その》兄は公武合体派にて有名なる山本覚馬《かくま》。山本翁は維新の間際まで、京都に於《おい》て、其藩を代表し、諸藩有志と周旋し、明治時代には、京都に在りて、隠然重きをなし、廟堂《びょうどう》の諸公、時に翁に諮問する所あり。其の双目盲したるに拘らず、選まれて京都府初期の〔府会〕議長となつた。而して当時京都に於ける人物、浜岡〔光哲〕、田中〔源太郎〕諸氏、概《おおむ》ね翁《おきな》の門人であつた。

米国より明治七年帰朝したる新島襄先生は、実に山本覚馬翁と結社して、同志社を創立し、其《その》妹八重子刀自を娶《めと》つた。而《しこう》して先生の在世中は伉儷《こうれい》甚だ篤《あつ》く、形影《けいえい》相ひ伴うた。然《しか》し、其の互ひに相得たるは、傍人にも羨ましき程であつた。そは先生が、刀自の真骨頭を認識して、之《これ》を尊重したからであつたらう。

会津は其の藩祖、保《ほ》科正之《しなまさゆき》以来の勤王の藩、松平容保《かたもり》に至りて、孝明天皇の信寵《しんちょう》を忝《かたじけな》くし、感激を以て報効を期した。但《た》だ時、可ならず、会津籠城となるや、刀自は巾幗《きんかく》の身を以《もっ》て従事した。而《しこう》して開城に際し、刀自は憤涙禁じ難く、一首の和歌を、城壁に題して去つた。

新島先生は四十八〔満四十六〕歳にして、明治二十三年一月二十三日、大磯の客舎に逝《ゆ》いた。爾来《じらい》刀自は一人にて、其の旧居を護り、而《しこう》して其の日清、日露の両役に於ては寝食を忘れて、篤志看護婦の業に従ひ、為めに勲章を受領した。而《しこう》して其の晩年の最大欣喜《きんき》は、実に旧会津藩主の血脈を伝うる姫君が、秩父宮《ちちぶのみや》妃殿下《ひでんか》となられたる一事であつた。

刀自は晩年、茶事をもて、其老を送つた。建仁寺黙雷和尚《もくらいおしょう》とは茶友にして、世間或は之《これ》を以て刀自が基督《キリスト》教を去りて仏門に入りたりとなすは、刀自の心を知らざるもの。但だ頑冥者流《がんめいしゃりゅう》と伍《ご》を同くしなかつた迄だ。

記者は刀自と相知る五十五年余、其の壮時、刀自は肥胖《ひはん》多力、堂々丈夫を辟易《へきえき》せしめた。

老来は一箇の茶宗匠となり、慈眼温容、藹《あい》春風の感あらしめた。刀自の存在は、単に新島先生の好配であつた為《た》めばかりではなかつた。刀自は一個の女性としても、誇りに足る一人であつた。

（『東京日日新聞』一九三二年六月十六日）

④ 山本覚馬略歴

徳富　蘇峰

山本の素性

山本覚馬は、会津藩士であるが、其《そ》の中でも頗《すこぶ》る毛並の変つた一人であつた。彼の家は武術の家であり、彼も亦《また》専《もっぱ》ら武道を修め二十四歳にして一切武術の皆伝《かいでん》を得た。二十五歳、嘉永《かえい》六年江戸に出て、蘭学を修め、且《か》つ江川太郎左衛門、佐久間象山《しょうざん》等の門に入り、殊《こと》に砲術に就《つい》ては得る所あり、自ら着発砲を発明した。

二十九歳にして郷に帰へり、専ら兵器改良の説を称《とな》へ、其の為《ため》に一年間、禁足せられた。然《しか》も彼は屈せず、遂に其の説行はれ、軍事取調べ役兼大砲頭取の要職に任じ、職俸十五人俸を給せらる、其の席右筆《ゆうひつ》〔書記の意〕の上にあつた。かくて元治元年二月、京都在勤を命ぜられた。

山本が京都を離る可《べか》らざる縁を結んだのは、これから始まつた。当時会津藩主は、京都守護職の重任を帯び、会津藩は殆《ほとん》ど其の全力を挙げて其《そ》の事に当つた。而《しこう》して山本は、其の学ぶ所、其の貯へる所を挙げて、之《これ》を施《ほどこ》すの好機会を得た。それは即《すなわ》ち、元治元年禁門の変である。

即《すなわ》ち同年七月、長州兵が、其の冤罪《えんざい》を天朝に訴ると称して、京都に押寄せ来つた。よつて会津と薩摩の聯合軍を始め、一ツ橋、越前等の諸兵は之と交戦した。当時会津の兵は蛤《はまぐり》御門《ごもん》を守つたが、山本は其の門を開き、来り迫る長兵と戦ふ最中に、薩兵が来り扶《たす》け、遂に之を撃退した。而《しこう》して長兵は又、鷹司《たかつかさ》邸に拠《よ》り、既に主上《しゅじょう》御座所《ござしょ》の間近に迫るの勢ひであつた。

越前、彦根の兵それを防ぎ、甚《はなは》だ苦戦に際し、山本は、得意の大砲を連発し、遂にこれを却走《きゃくそう》せしめた。而《しこう》して更に追撃し、遂に遠く天山に至り、敵兵をして其の倹《けん》に拠《よ》る能《あたわ》ざらしめ潰散《かいさん》せしめた。此処《ここ》に於て会津藩は、彼を用人の要職に挙げ、在京諸藩士と共に折衝《せっしょう》の任に当らしめた。

維新改革後の山本

然《しか》るに彼は眼病を煩《わずら》ひ、清浄華院《しょうじょうけいいん》に療養中に、維新大改革の事変は生じ、遂に伏見鳥羽の戦争となつた。山本は会津藩が大義名分を誤らんことを慮《おそ》れ、病を力《つと》めて、大阪より進み来る会津兵に諭《さと》すあらんとしたが、道塞がつて通ぜず、更に山科《やましな》より京都に入り、朝廷に向つて会津藩の真意を奉上せんとした。

然《しか》るに途上、薩兵の為《ため》に囚《とら》はれ、既に殺されんとしたが、偶々《たまたま》薩兵に彼を知る者あり、彼が会津藩の名士であることを弁明した為に、一命を許され、獄に投ぜられた。

彼は獄中「管見」と題し、議事院設立、学校教育、商工業の奨励、製鉄業、貨幣改鋳等の必要を説き、又暦法の改正を論じ、これを薩摩藩主島津公に提出した。然《しか》るに薩摩藩の要人小松帯刀《たてわき》、西郷隆盛等は之を一読し、其の達見に服し、待遇更に鄭重《ていちょう》を極めた。之は明治元年五月頃のことである。かくて、閏《うるう》五月、彼が仙台藩邸の病院に移さるゝや、始めて岩倉具視《ともみ》と相知り、明治二年に至り、朝廷は山本の用ゆべきを知り、抽《ひい》て京都府顧問とした。

爾来《じらい》、京都に於ける病院を建て、学校を設け、舎密《せいみ》局〔化学工業局〕を置き、其他一切、京都府の進歩的経営は、山本の献策に基くもの多きにあることは、京都府の歴史がよく之《これ》を語つて居《お》る。彼は眼病の結果、遂に盲目となり、在獄中、リュマチスを病み、それが恐らくは原因となつて、明治五年頃には蹇《あしなえ》となつて、歩行にも差支るに至つた。

然《しか》し彼は、保守的の京都にあつて、最も改革の原動力となり、維新以後、京都府に於ける各般の新運動に従事したる人物の多くは、彼の門下生にして、然《しか》らざるも亦《また》、彼の感化、彼の示唆《しさ》、彼の刺激によつて出で来りたる者少なからず。

彼が肉体的には極めて不完全でありながらも、明治十三年京都府会の創立せらるゝや、彼は初代の議長となり、又京都商工会議所の会頭にも挙げられた。彼が病を養ふて京都に閑居するや、彼の門は殆《ほとん》ど市《いち》の如くあつた。松方正義は曾《かつ》て筆者に向つて屢々《しばしば》山本覚馬に就《つい》て語つた。彼は曰《いわ》く、

予が大蔵省当局として、一大決心をもて健全財政を回復せんと欲し、緊縮政策を実行するや、世間一時不景気に陥り、天下囂々《ごうごう》としてこれを非難したるに係はらず、恐れ多くも上には明治天皇の御聖断あり。而《しこう》して野にありて、予の政策を支持したる者は、京都府の山本覚馬、熊本県の山田武甫《ぶほ》、福島県の佐野利八、三人を先《ま》ず数へねばならぬと。

其他松方は、山本が、財政経済の上に於て、松方に向つて献策したる数点を挙げて、語

つたことがある。豈《あ》にただ松方のみならんやだ。当時の大蔵高僚は、概《おおむ》ね山本をその名誉顧問とした。

山本の家族

又山本の家族中には、会津籠城の為《ため》には、相当努力したる者があつた。会津の女性は、維新の際に於ては、日本女性の花とも云ふ可《べ》き者を多く出したが、其の中に数ふ可《べ》きは、山本覚馬の妹、八重子であつた。筆者は、近世日本国民史第七十三冊「会津籠城篇」に於て左の如《ごと》く掲げて居《お》る。

川崎尚之助《しょうのすけ》の妻八重子は、山本覚馬の妹なり、囲城中に在り、髪を断ち、男子の軍装をなし、銃を執つて城壁又城楼より、屢々《しばしば》敵を斃《たお》せり。覚馬は西洋砲術を以て名あり。八重子は平生之《これ》を兄に学びて練修し、万一の用意を為せしなり。或人《あるひと》、婦人の戦に参ずるを諫《いさ》めたるも、八重子聴かず。進撃ある毎に、必ず窃《ひそか》に隊後に加れり。此《この》の日〔開戦の日〕八重子は、城兵と共に城を出でんとするに当り、和歌を賦《ふ》し、潸然《さんぜん》として涕泣《ていきゅう》す。人皆、同情の感に堪へざりきと云ふ。

明日の夜はいづ子の誰かなかむらん　なれし大城にのこす月影

後に八重子は、新島襄に嫁《か》し、九十歳に垂《なんな》んとするの高齢もて、其《そ》の天年を終つた。而《しこう》して本文の著者は、屢《しばし》ば同人より会津籠城の物語を聞いたことを今尚《な》ほ記憶してゐる。

以上によつて山本覚馬が何者であるか、又山本覚馬の、当時京都に於ける信用と勢力が、如何《いか》なる程度であつたかを知るに足るものあると信ず。然《しか》るに天は偶然にも、新島が自から求めざるも、斯《かく》の如き人物を、彼に与へたることは、彼の為《ため》にも、亦《また》同志社其ものの為にも寔《まこと》に天来の幸運であつたと云はねばならぬ。因《ちなみ》に云ふ、同志社と云ふ名目も、山本が発案したものであると云ふが、或《あるい》はそれ然《しか》らんか。

（徳富蘇峰『三代人物史』讀賣新聞社　一九七一年）

⑤『管見』(山本覚馬建白)

近年世上紛々騒擾ニ至候者寡君抔不行届ヨリ起リ、殊ニ当春之挙動不可遁之大罪窮竟ニ於私共モ不行届之儀深ク奉恐入候、爾来国家之御動静之毫モ不相弁ケ様ノ身上ニテ　御国体江関係之儀申上候而者越俎至極重々奉恐縮候得共、御時節故兼而時勢ニ付苦慮罷在候管見別紙ニ相認備高覧候間、御不都合ニ無之候ハバ其江御差出シ被下度、尤追々文明維新之御制度御変革右等ハ必然蛇足ニ属シ候儀ト奉恐棄候得共、万一御採用之廉有之献芹之野志相貫候ハバ上者　御国恩ヲ報ジ下者寡君之罪状ヲ償フ一端ニモ相成可申歟ト奉存候間、格別之御乗憐ヲ以可然御取扱被成下候ハバ難有仕合奉存候以上

辰六月

山本覚馬

御役所

管見　小引

本邦通信外国ノ情状ヲ察スルニ露西亜日ニ強大ニ至ルベク、近来北蝦夷地ヲ彼ヨリ開拓依テ去ル寅年元幕府元扱ニハ彼此ノ経界論ニ及ビシニ、従来混茫不毛ノ地ナレバ各随意ニ開キ所領トセバ天地ノ道理ニモ叶フベシト彼ノ議論ニテ其説行ノ由、且先年来函館へ番兵ヲ置く、譬へバ碁に先手ヲ下ス如シ。或人曽テ魯人ニ対話セシニ彼レ地球ヲ指シテ曰ク、日本モ遂ニ黄地ニ変ズベシト、魯国ハ元黄地ニ属スル者ナレバ斯ク言ヒシナリ。是ニヨリ之ヲ観レバ我国ヲ併呑スルノ萌ナランカ、去ル子年魯ヨリ対州ヲ侵セシ時、英人ノ力ニテ之ヲ取戻セリ、上海ヲ根拠トシ友邦本邦ト交易ヲナス故、対州魯ニ属スルニハ英ノ不利ナリ、且魯英仏トモ我国ヲ覬覦《きゆ》スル勢アレドモ必兵ヲ以テセズ、其意人心ニ基キ戎弊ニ乗ズルナルベシ。元来仏欺為ヲ以テ関東ニ親メバ英之ヲ西ニ訐キ、英私意ヲ以テ関西ニ結メバ仏之ヲ東ニ誹ル。方今仏ノ「ナポレオン」ハ前「ナポレオン」ノ甥ニシテ一時共和政治ヲ主張シ、其君ヲ廃シ其位ヲ奪フ、誠実ヲ以テ為スニアラズ。曽テ魯ヨリ「トルコ」ヲ侵シ「セバステボル」ニ戦フ、時ニ英仏「トルコ」ヲ援ク、其国ノ利不利ヲ謀テ也。我国彼三国トノ交際ニ於ケルモ亦大ニ之ニ類スベシ、之ヲ防グハ確乎不易ノ国是ヲ立テ富強ヲ致スニ如カズ、国家騒擾ノ際会ニ乗ズレバ変制モ仕易キモノニテ追々文明ノ御政体御施行ナルベク、余憂国焦思ノ余リ兼テ愚考ノ拙口ヲ述ブ、然ルニ眼ガ不明、執筆不能、依テ人ヲ雇ヒ之ヲ認ム。疎漏杜撰多ケレバ只識者ノ取捨ヲ待而已。

慶応四年戊辰五月　　山本覚馬

政体

王政復古万機一途ニ出ルニ付テハ、普天率土忽風靡朝命ヲ不仰ハナシ、然ルニ皇国開闢以来綿々継統彼漢土ノ夏殷周其時代ニツレ法制損益アルトハ異ナル事ナレバ、我国体ヲ不異万世不易ノ準則ヲ立テ皇威赫然外国ト并立彼ノ侮リヲ受ケザルハ国民一致王室ヲ奉戴スルニアリ、政権ハ尽ク聖断ヲ待ツべキ筈ナレ共、サスレバ其弊習ナキニ非ズ、依テ臣下ノ内議事者ハ事ヲ出スノ権ナク、事ヲ出ス者ハ背法者ヲ罪スルノ権ナク、其三ツノ中ニ権壱人ニ依ル事ナキヲ善トス、官爵ノ権、度重ノ権、神儒仏ノ権、議事院ノ吏長ヲ黜《しりぞけ》ル権、是ハ専ラ王ニ帰スベキナリ。

議事院

於官府大小ノ議事院ヲ立テ、其大者ハ大臣ヲ置（今ノ縉紳家又ハ諸侯指）其小者小臣ヲ置（文明政治開ニ従テ四民ヨリ出べシ然レドモ方今人材非士ハナシ故ニ王臣又ハ藩士ヨリ出ベシ）其小者凡一万石ニテ半人五万石ニテ壱人拾万石ニテ弐人弐拾万石ニテ参人位ノ積ニテ出ス、然シ恒産ナキ者ヲ出サズ、大臣小臣ノ中ニ裁判人有、各国ヨリ大小事件申出ヅル事アレバ其使訴タトヘ訥弁ノ者タリトモ、其国ノ利弊ヲ吐露セシメ、是非ヲ決ル其任也、議事院大者議論自ラ因循小者果断之ニ依テ議論自ラ中ヲ得ベシ。

学校

我国ヲシテ外国と并立文明ノ政事ニ至ラシムルハ方今ノ急務ナレバ、先ヅ人材ヲ教育スベシ、依テ京摂其外於津港学校ヲ設ケ、博覧強記ノ人ヲ置キ、無用ノ古書ヲ廃止シ、国家有用ノ書ヲ習慣セシムベシ、学種有四、其一建国術性法国論表記経済学等モ亦其中ナリ、万国公法ノ如キハ、其二修身成徳学、其三訴訟聴断、其四格物窮理其他海陸軍ニ付テノ学

術ヲ教諭セシムベシ。(当時之ニ医学ヲ加ヘ五種トセリ)

変制

皇国ノ大本御建直シニ付テハ太平澆季ノ風習ヲ脱シ、一新不易ノ制度御変革ナルベシ、億兆蒼生ノ父母タルモノナレバ強テ束縛セズ。各天稟ノ才力ヲ伸シ、生活ヲ遂ゲシムルニ有ル故ニ、法ヲ改ムルモ譬ヘバ人ノ年ニ寄教ヲ施ス如ク国ノ開クルノ遅速ニ随ヒヨク人情ニ基キ緩急モアル事ナレバ或ハ一月ニシテ変、或ハ三月ニシテハ改、或ハ沿習シテ漸ク定ルモアリテ遂ニ其令一定シ文明ノ政治四境ニ達スベシ、又人ヲ知ラズ此等ハ最モ政治ノ悪弊ナリ、且刀剣モ古来国俗ノ佩《おび》ル事ニテ無益ニモ非ザレドモ要用ノ器ニモ非ズ、追テ国の闢《ひらけ》ルニ随ヒ之ヲ廃停スルモ可ナランカ、此説的当也、先第一ニ人材ヲ抽擢シ国是ヲ定ムベシ。

国体

我国ハ皇統綿々万国比類ナキ美事ナリ、此度皇政復古ナレドモ俄ニ国体ヲ郡県ニ変ジ難ケレバ封建ト郡県トノ間ノ制度ヲ立ツベシ、其法如何トナレバ我国数百年以還官武ト分レ大小諸侯其禄土ヲ自己ノ有トス、今更尽ク　王室へ帰シ難シ、故ニ諸侯陪臣ヘモ有領ノ禄土ハ其儘与ヘキリニ致ス可キナレドモ、普天率土ハ皆王臣ナレバ陪臣ハ其諸侯へ、王朝ヨリノ付属姿ナル可ク、且各ヨリ相応ノ賦ヲ納メシムナリ、其法ハ惣テ高ヨリ取リ人ヨリ取ルニ非ズ、譬ヘバ其地ヲ質トストモ、質ヨリ取リシ者ヨリ出ス也、士ニテモ業ニ堪ヘザル者ハ其地ヲ売リ農商ニ帰スルトモ人ヲ束縛セズ、其所好ヲナシ長技ヲ尽セシム可シ、又従来上下隔絶ノ弊ヲ止メ、貴賤混淆学術技芸ヲ磨シメ、官ニ当ルハ貴賤等級ヲ不論、賢愚ニヨリ擢《あぐる》可シ、然シ貴者ハ資産モ富万事自由ナレバ我国ニテ学ノミナラズ外国へ遊学トナス也、依テ人材多ク貴者ヨリ出ヅルハ自然ノ理也、如斯セバ封建ト郡県トノ間ニテ遂ニ漸ク郡県ノ姿ニ変ズル也、且軍卒ハ禄ノ大小ニ因リ一家ヨリ一人或ハ半人宛出サシム可シ、年齢十八九ヨリ二十五迄ヲ常備兵トシ、二十六ヨリ三十迄ヲ国衛兵トシ、三十一ヨリ三十五迄ヲ第二国衛兵トス、又文吏武官ニ望アル有志ノ者ニテ学術技芸ヲ学バントスル者常備国衛ノ年齢ニ当リ、人ヲシテ己ニ代リ出ス是ヲ一種売ル自由兵ト云ふ可シ、如斯セバ士ノ人々混和確執ノ弊ナク一人武幹一人ノ武威ニ非ズ、天下ノ武備ト云フ可シ、且兵庫港へ海軍所ヲ立ツ可シ、若シ議事院ノ法ニ叛キ国中乱賊ノ徒之レアル時ハ神速ニ軍ヲ催シ陸軍随テ之ニ継グ可ク、タトヒ外国タリトモ万国公法ニ信戻スル者アラバ彼ヲモ討夷スルニ足ル可シ、且方今農ハ賦モ取リ労モ多キ事ナレバ、四民共ニ賦ヲ平均スルヲ善トス、先ヅ然ラシムルハ遊芸其外遊女屋等益ナキ者ニハ多分賦ヲ収シメ、書肆米醤等ヒサグ人事ニ益アル者ヨリハ軽ク若クハ取ラズ、夫故物価ヲ廉ニ売ラシム可シ、工人モ是ニ倣ヒ多少各々有差賦税ヲスベテ議事へ収メ高何程内何用ト定メ、サスレバ国民平均至当ノ法ト云フ可シ。

建国術

余思フニ宇内ノ国々其国本ヲ建ルニ商ヲ専ラトスルアリ、農ヲ専ラトスルアリ、商ヲ以テスル国ハ政行シ衣食モ足リ富饒ニシテ人モ勇敢兵備モ充実也。農ヲ以テスル国ハ之ニ如カズ。「ヨーロッパ」ノ内ニテハ「イギリス」「フランス」「プロイス」商ヲ以テ盛ナル国也。日本支那等ハ農ヲ以テスル故ニ之ニ如カズ、其故如何トナレバ譬へバ百万石ノ地ヨリ収ル賦凡百万金ト見テ夫ヲ工人へ渡シ器物ヲ作ラシメバ一倍増シテ二百万金トナル、夫ヲ商人へ渡シ商ハシメバ又之ニ二倍遂ニハ金ノ増ス事限ナカル可シ、然ル上ニ矢張元ノ百万金ヲトメルナリ、如斯セバ農モ盛ヘ、思フ儘ニ物ヲモ作ラシ商モ利ヲ得可シ、余曽テ「プロイス」ノ人「レーマン」ニ聞ク「アメリカ」ニテハ器械ヲ以テ田ヲ耕シ二人ニテ七十人程ノ働ヲナスト、「和蘭」ノ人「ハラトマ（ママ）」ニ聞ク「イギリス」ノ富ヲ致スハ蒸気器械ヲ発明シテヨリ也ト云々、固ヨリ「イギリス」ハ石炭ノ多キ国也、故ニ工人ノ功ヲ増セシモノ也、余曽テ崎陽ニ遊ビ「和蘭」ノ人「ボートーイン」「イギリス」ノ人「ゴロール」等ニ逢フテ事ヲ聞クニ、彼等日本へ来リシ時ハ僅カ壱万金程モモタザリシ由、今ニ及ビテ巨万ヲ累ネ、舟六七艘モ所持シ、崎陽上海ノ間ニ商売シ一月ニ二十五六万金ニ下ラズト、此輩ノ如キハ只一商人ニテ如斯、其大ナル事推シテ知ル可シ、余二十年前我隣国仙台米沢ノ事ヲ聞キシニ、仙台ハ其地米沢ニ五六倍、仙台ハ農ヲ以テ専ラトス、米沢ハ商ヲ以テ専トラス、然ルニ仙台ヨリ鬻《ひさ》グ米ノ価一ヶ年三十万金ノ由、方今米ノ価三倍ト見テ凡百万金、帛《きぬ》ノ価一ヶ年十八万金ノ由、方今ノ価四倍ト見テ七八十万金ナル可シ、其外諸細工物ノ価等合セテ金ノ入ル事殆ド比較ス、仙台ハ国モ広大ニシテ山海ヲ帯ビ至極上国ナレドモ、貧困ナレバ政事モ衰ヘ農商共ニ日日ニ減ジ、米沢ハ之ニ反ス、故ニ商ヲ以テ国ヲ建ツル時ハ農ハハゲミ士ハ強壮、工ハ巧ニ富国強兵ニ在ラン歟。

製鉄法

余嚢ニ洋書ヲ読ミテ鉄ノ章ニ至リ大ニ感ズ。其書ニ曰ク、鉄ノ人之智ニ関係スル最モ甚シト。先人ノ生活スルヤ穀ヲ食ヒ、穀ハ田畑ヨリ生ジ其田畑ヲ耕スニ鉄ヲ以テス。家ハ木ヲ以テ作ル、其木ヲ伐ルニ鉄ヲ以テス。鉄ハ山ヨリ成ル、其山ヲ穿ツニ鉄ヲ以テス。人ヲ殺スモ鉄ヲ以テス、其外人ノ生活ニ要スル物鉄ヨリ大ナルハナシ。其鉄ノ発明スルヤ始メ「フランス」ニテ鉄ノ降リシ事アリ。之ヲ取テ火ヲ交ヘシニ忽チ熔解ス、其近キ辺リニ「アルペン」ナル山アリ、火山ニシテ烟焔常ニ絶ヘズ。其山ヨリ飛出セシヲ察シ其所ニ至リ相似タルモノヲ熔シテ見レバ同種類ナリ。故ニ方今追々発明加ハリ海岸ノ台場軍艦其外大小ノ器械尽ク鉄ニ非ザルハナク、其価モ又木ヨリ廉ナリ。日本ニテハ鍋釜等ノ小器ニ用ユレドモ猶足ラズ。其価木ヨリ又高シ。其所以ハ雲伯南等ニテハ「フイゴ」ニテ「トコ」ト云フ物ニ多分ノ炭ヲ焚キ鋳ヲ得ル、三四日ニ千貫目程、一月ニ七千貫目過ス外国ハ不然。熔鉱炉ニテ鉄ヲ製シ、其熔鉱炉ヲ昼夜用ヒテ十月又ハ一年位保ツニ、昼夜ニテ鉄千貫目程ヲ得。一月ニ三万貫目、十月ニ三十万貫目也。熔鉱炉ヲ昼夜絶エズ用ヒテモ内部ハ微々損スル而已ニテ外部ハ損セズ。水車蒸気ノ力ヲ加ヘル事故人ノ労ヲ省クナリ。偶々南部ニテ右ノ器ヲ作リ用ヒケレドモ「ヒールハストステイン」ト云フ者ノ用ヒ方ヲ知ラズ遂ニ廃物トナレリ。十五日程ノ鉄代有レバタトヘ異人ヲ雇ヒテモ一年ノ給料ハ足ル可シ。故ニ官府ノ命ヲ以テ要用ノ地ヘ取建可シ左スレバ鉄ハ益々盛ニナリ鉄城モ出来、鉄軍艦砲台等作ラレ其外人民ニ益アル事推シテ知ル可シ。カヽル緊要ノ事ヲ捨テ何ヲカセン、昔王政ノ頃日本六十余州国ノ大小ニ因リ釜座ヲ一州ニ何軒ト勅許有リ今モ猶然リ。鍋釜ハ人民日用離シ難キモノナレバ右ノ如クセシ也。然ルニ鍋釜目方重ケレバ鉄モ多ク費ル故今ヨリ以後「反射炉」ト云フ者ニテ鍋釜ヲ鋳、是ヲ「ロクロ」ニテ薄クスベシ、反射炉ハ鉄ヲ穿ル所ニ取リ建テ鍋釜ヲ作リ釜座ヘ送ルベシ。左スレバ荒鉄ヨリハ運輸ノ費モ省クベシ。殊ニ因リテ釜座ヘ反写炉ヲ置クモ可ナリ。右鍋釜薄クセバ一日一軒ニテ薪三本省クトモ日本凡五千万ノ人口トシテ一家五人宛ト見テ千万軒ナレバ三千万本ナリ。国ノ開クルニ従ヒ人モ増セバ薪モ費ル事ナレド薪ハ元造作ノ力ニテ生育シ必用ノモノナレバ多分ニ用スレバ無益ナリ。鍋釜ハタトヘ高価ニ求ムルトモ金ハ世上ヘ融通ノ物ナレバ廃ル《（ママ）》ニ非ズ。材木ヲ多分用ユルハ天地ニ対シテモ無益也。

貨幣

貨幣ノ位ハ物価高低ニ関ハル事ニテ国家ノ緊要ノ品也。中古金壱両銀六十目ト定メシハ実ニ相当也。然ルニ元幕府ノ猾吏金銀ヲ上セ金ヲ吹下ゲ共ニ不相当也。近年四民ノ困窮ノ元ハ幕府困窮ノ元ヨリ起リ、幕府ハ四民ニ対シ借金トイフ様ナルモノ也。然シ政事ノタメニ遣シモノナレバ自今以後年々三十万両ニテモ五十万両ニテモ元ノヨキ位ニ吹替ヘ悪シキ金ト混ジテ用ヒバ速ニ相当ノ品ニ改ルベシ、且金銀トモ銅何ホド入ト書物カ又ハ新聞紙ニテモ載セ、公然ト世界ヘ布告シ、外国ノ貨幣トテモ其儘日本ニテ通用スベシ。貨幣ハ融通ノモノナレバ角ナルハ止リツカユル姿故忌ヘリ。小判甲州金ノ如ク円形ヲヨシトス。外国モ皆然リ。王政ニ成シ《(ル)》事ナレバ新造ノ銭ハ尽ク銅ニスベシ。青銅黄銅ハ銅ヨリハ余程位劣リシ物也。然ルニ銅ヘ鉛錫ヲ交ヘ銭ヲ作ルハ天地万国ヘ対シ条理ヲ不弁愧ヅベキナリ。日本紙幣通用ノ国アレドモ王政ニナリテハ是ヲ止ムベシ。如何トナレバ紙幣ヲ用ユレバ国衰微シテ富ヲ不致。然レドモ外国ニテモ紙幣ヲ用ユル国ハ其用方官府ニテ商人ヨリ十万金借レバ十万金紙幣ヲ商人ヘ渡シ随意ニ融通致サセ、壱万金ニテモ弐万金ニテモ返セバ紙幣モ其通ニ致シ、皆返セバ紙幣ヲ取上ル也。如此セバ紙幣ノ弊モナク、却而便利也。世界不通用ノ我貨幣ヲ以テ外国ト交易セバ日ヲ追ッテ日本ノ消耗窮ナシ、速ニ外国ニ模倣シテ是ヲ改ムルハ急務ナルベシ。

衣食

我国人性質怜悧明敏ナレドモ往々事ニ堪ヘ兼ル者アルハ其所以ヲ尋ヌルニ養生悪キ故ナリト。衣食ハ人身ニ取リテ尤大切ノモノ也。粗食粗品ニテ学問ヲナシ精神ヲ費セバ身体ヲ労シ廃人トナリ、後年事ニ堪ヘガタシ。肉食ノ国ハ人材多ク牛豚ノ肉ヲ食ヒ、毛織ノ衣着スレバ身体強健精神充実スル也。古聖賢モ牛羊鶏豚ノ肉ヲ好ミ我国モ上古ハ肉食ナリシニ仏法盛ニ行ハレテヨリ追々肉ヲ不食、人モ柔弱ニナリヌ。故ニ毛衣肉食ヲ以テ筋骨ヲ健ニシ、気力ヲ養ヒ人材ヲ育スルハ方今ノ急務ナルベシ。

女学

国家ヲ治ムルハ人材ニヨルモノナレバ是ヲ育スルハ緊要ナリ。日本支那ハ婦人ニ学問ヲ教ヘズ、自今以後男子ト同ジク学バスベシ。夫婦トモ精神十分ノ智ヲ尽スモノナレバ其子親ニ優リ、追々俊傑ノ生ルハ其理也。童子ハ婦人ト関スルコト多ケレバ婦人賢ニシテ教ユルト愚此ヲ育ツルトハ其相違甚シ。夫女ハ性質沈密ノ者ナレバ其性ニカナフ学術国体ニ関ハル者ヲ撰ビ教ユベシ、且才女ハ猶ホ学バスベシ。

平均法

富者ハ常ニ逸シ貧者ハ常ニ労ス。如此貧富偏ルモツマリハ国ノ貧ニ至ル也。且嫡子ハ愚ナルモ家督ヲ継ギ、二三男ハ賢ナルモ産業モナク徒然ニ世ヲ過ス国ノ悪弊甚大焉。然レドモ富者ヲシテ貧者ニ財ヲ分チガタシ、先　天子ヲ除クノ外侯伯シ士農工商ニ至ルマデ其子五人有アレバ五人、三人ナレバ三人、人数ニ依リテ己ノ家督ヲ各々ヘ平等ニ分与スベシ。サスレバ貧富偏スルコトナク遂ニ日本ノ富ヲ致スニ至ルベシ。且我国子ナキ者ノ家産ヲ挙ゲテ他人ヘ譲ルハ是其理ニ戻ル也。（女子アッテ聟ヲ迎ヘ家名ヲ続ス可キナリ）家督ノ絶ユル時ハ家産ヲ親戚ニ与フベク親戚ナキ時ハ官府ヘ収ムベシ。

醸酒法

方今日本米ヲ以テ常食トス。然ルニ人ノ幅輳スル津港コソ米モ十分アレドモ僻境ノ山中ニ至リテハ甚ダ乏シク木実或ハ草ナドヲ食ス。是ヲ以テ国中ナラシ見レバ甚不足ナルヲ知ルベキ也。且米穀ノ十五分ノ一ハ酒ヲ醸ス為ニ費フ也。米穀ノ高低ハ諸価ニ関係スルコトナレバ米価ヲシテ廉ナラシムベキ也。且人身窮理ヲ以テ見ルニ米ノ酒ハ養生ニ害アリ故ニ之ヲ醸ル事ヲ官府ノ命ヲ以国中ニ禁ズベシ。サスレバ僻境モ米ニ足リ。諸物価廉ニナリ、我国産ニテ弁ジ他産不廉ノ品ヲ用ヒザルニ至ラン。「麦」「葡萄」「ハレーナヨ」(馬レイ薯) 皆人身ニ補アル者ナリ。是ヲ以テ酒ヲツクルベシ。「葡萄」ハ奥羽蝦夷辺ニ多ク生ズレドモ捨テ、取ラズ、空シク腐ルニ至ル。是ヲ以テ製スベシ。我国ニテハ土器ニ酒ヲモルコトナレドモ体裁モ悪ク酒ヲ損フ不利ノ物也。且之ヲ作ルニ人手モカヽリ薪炭モ費ル故ニ西洋ノ「フラスコ」ヲ用ユベシ。是ヲ製作スルハヨキ仕法ニイタシ半時ニ百弐十本一昼夜二千八百八十本程ハ出来、ソノ釜二十日程ハ保ツベシ。一釜ニ五万七千六百出来ルベシ。サスレバ価モ廉ニ酒モカワラズ、倹ナレバ天地へ対シテモ宜敷、ヨク開ケタル国ハ土器ヲ用ル事少シ。

条約

方今兵庫開港ニ付テハ先ヅ淡路島明石阿波ノ鼻トマカ島ヘ砲台ヲ築クベシ。然ルニ軍艦ハ他国ノ制ヲ受ケズ自由ニ出入スルハ万国公法ナレドモ右四ヶ所ハ我国ノ内海ニテ領地モ同様ニテ殊ニヨレバ埋ルコトモアレバ商船ハ不許ニ入ルモ可也。軍艦ハ不許ニ入ルハ不可也。方今如此規則ヲ立テザレバ後ニ外国交際ニ於テ葛藤ヲ生ズベシ。

軍艦国律

我国追々開クルニ随ヒ軍艦ヲ備ヘザルベカラズ、然レドモ官府ノミニテ是ヲ製作シ諸藩ニ於テ作ルヲ禁ズベシ。如此規則立テザレバ後日ニ至ッテ其弊ヲ生ズルコトアルベシ。

港制

兵庫開港貿易盛ナレバ各国ノ人輻輳スベシ、異人館ヲ横浜ノ如ク建ツルヲ悪シトス。然レドモ既ニ落成ナレバ不得止、依テ今ノ内町内へ堀ヲ穿チ海浜ヨリ舟ノ往来ヲ自由ニスベシ。サスレバ輸送ノ労省ケ物価モ自ラ廉ナラン。今是ヲナスハ易ク後是ヲナスハ難シ。且「コウベ」ノ方ハサワリナキ事ナレドモ、和田ノ岬ノ方ハタツミ風ニテモシ誤テ舟中ヨリ火災起ラバ延焼不可救ニ至ランガ故、逃避ノ為渠ヲ掘ルベシ。官府ニテ心ヲ用ユル先ヅ是等ヲ急務トス。

救民

近頃、於西洋蒸気船、■《（ママ）》身、種痘三ツノ大発明アリ。■《（ママ）》身ニテ潮ノサシ引セヌ其外万物ノ働ヲ弁ズ。昔ハ三年ニテ地球ヲ一周ス、今ハ蒸気船ニテ僅カ一月余リニテ一周ス。種痘ニテ人民数百万ヲ救ヒ日本ニテハ未ダ重力ニテ事物ノ道理ヲ弁ゼズ、蒸気船モ未ダ十分益アルニ至ラズ。種痘ノ事ニ於テハ已ニ人民ヲ救フ十万ヲ以テ算スベシ。然ルニ疳瘡ニテ身ヲ亡シ病人トナリ、其毒子孫ニ及ブモノアリ。其元ヲ推スニ遊女ヨリ伝染スル也。之ヲ防ガザルハ国政ノ届カザル也。我国津港宿駅等人ノ輻輳スル処ニ遊女場アリ。其病ヲ治スル方ヲ立テザルハ陥井ヲ国中ニ設クル如シ依テ官府ヨリ医師ニ命ジ七日目位ニ遊女及ビ遊ブ男子ヲモ改メ、病アラバ其手当ヲナスベシ。サスレバ其病根ヲ尽スベシ。外国ニテモ是ヲ憂ヒ遊女ヲ廃セシ事アレドモ密ニ犯ス者多ク、却テ疳瘡盛ニナリシカバ遊女場元ヘ復シ、病ヲ防グ前ニ有ル如クシ、殆ド絶ユルニ至リシ由、曩ニ蘭人「ボードーイン」崎陽へ来リシ時一書生一夜妓楼ニ登リ翌日疳瘡ヲ発シ三日ニシテ鼻腐爛シ遂ニ廃人トナル。「ボードーイン」慍《いかり》曰是悪疾ヲ防ガザルハ国政ノ悪キナリト云々。我思フニ大ニ然リ、夫政治ハ親ノ子ヲ戒ムルト異ル（遊女場ニ行ク事ナカレトイフ也）コトナレバ少シク理ニ戻レル如クナレドモ小利ヲ見ズシテ大害ヲ除クニアリ。サスレバ億兆ノ人民ヲ救ヒ人材ヲ育スル一助トナルベシ

髪制

余古記絵巻物ノ人物見ルニ髭髪ヲ剃ラズ、自ラ質朴ノ風ナリ。今モ八瀬大原ノ里人ハ髭髪ヲ剃ラズ、自ラ王政ノ古風存スルナルベシ。然ルニ応仁ノ乱夏日ノ炎天ニ困《くる》シミ頭ノ前ヲ剃リシガ、遂ニ世上一般ノコト、ナリヌ。清朝ノ風モ見悪キコトナレドモ、我野卑ニ比スレバ優ニシテ士風モ品格モ高ク天地万国へ対シ宜キコトナレバコレモ復スルニシカズ、

方今京大阪江戸ニテハ凡弐万五千人程ノ結髪職有リ、其結髪所至ッテ雑踏スル事ナレバ、或ハ半時或ハ一時ヲ費シ遊惰ノ者集リ博奕又ハ遊冶ノ談ノミニテハ少年輩ヲ悪道へ導キ、徒ニ光陰ヲ費スノミニテ、大ニ風俗ヲ乱ス也。且日本五千万一軒五トシテ千万軒也。一家一年用ユル剃刀油元結費金弐分宛ト見テ五百万金也。右人口結髪ノ間業ヲ廃スル入費五百万金位ニ当ルベシ。如此冗費ヲ省キ古風ノ如ク士農工商冠ノ前ヲ立テ、毎朝自ラ梳ラバ品格モヨク快カルベシ、然レドモ一時ニ改ムレバ人情ニ背クコトモアルベシ。故ニ二十歳以下ノ者ハ古風ニ復シ其余ハ随意ニ任スベシ。結髪職油元結ヲ製スル者モ十歳前ハ禁ズベシ。サスレバ二十年ヲ出ズシテ古風ニ復スベシ。

変佛法

我日本六十余州ノ小国ニテ寺院四十五万軒アリ其大者住僧数百人小ナルモノモ二三人ヲ下ラズ。法ヲ弁へ戒ヲ守ルモノ千人ノ内一人、悪行セザル者百人ニ壱人僅カアルノミ。余ハ皆肉食ヲナシ婦女ヲ蓄へ物欲ハ俗人ヨリモ肆《ほしいまま》、又ハ甚シキモノハ寡妻ヲ奪フニ至ル。古ノ僧ハ愚民ヲ教諭シ善ニ導キシガ、今ハ徒ニ仏像ヲ擁シテ墳墓ヲ守ルノミニテ世ニ益ナキハ推テシルベシ。寺ニ多分入祿ヲ与フルアッテ衣食足ル故ニ業ヲ守ラザルニ至ル。之ヲ廃スル方可ナルベシ。或ハ貨幣ノ融通ヲナシ俗ニ云フ金貨ノ如シ、法ニ戻ル事甚シ。故ニ自今以後分限ヲ正シ、行末業ノ成否ヲ察シ、官許ヲ受ケテ後僧トナスベシ。依テ従来ノ僧ハ悪弊ヲ除キマヅ語学算術手跡等ヲ始トシテ惣テ実学ヲナサシメ、寺ヲ小学校ニ当テ市町村里ノ商人ニハ英仏ノ語、算術、農人ニハ農業等又ハ人ニ益アル事ヲ教ヘシムベシ。且法戒ヲ厳ニシ、僧ニ堪ヘ兼ル者、又ハ法ニ背クモノアルトモ是ヲ罪セズ、職人トナシ業ヲ授クベシ。サスレバ凡百万人ト見テモ一人十金ノ職ヲナセバ千万金ノ益ヲ得ベシ。且帰俗ノモノアラバ其空寺ヲ学校トシ農商ニ学術ヲ授ケテ両全経国ノ一助トナルベシ。

商律

兵庫開港貿易スルニ付テハ我国産ヲ外国へ送リ、彼ノ国産ヲ我へ運ブ、若シ洋中ニ於テ破船スレバ船ノ価ハ五六万金位ナレ共殊ニヨリ産物ハ百万金ニモ及ブベシ。サスレバ商人ハ勿論小諸侯ニテモ家産ヲ失フニ至ラン。今世国家ノ事ニ於テハ兵ヲ商ト並立スル者ナルニ右ノ如ク不測ノ禍ニ逢ヒ商ヲ廃スニ至ラバ益々国ノ縮トナル。故ニ貿易ハ初ハ自分船ヲ製造シ別ニ船ノ請負トイフ者ヲ立テ（船ヲ造リシ時船主ヨリ分割ヲ付如何程ニテモ敷金ヲ請負人へ渡シ航海ノ度毎ニ同様敷金ヲ渡シ船百艘アルトモ破船僅カ二三艘位ノ事ナレバ右金ヲ以テ是ヲ補ヒ又ハ年ヲ経船破損セバ新ニ作ルベク船主ハ壱度造ルノミニテ無窮ニ伝ハリ請負人モ相応ノ利益アリ両全トイフベシ）荷物請負トイフ者ヲ立テ（荷物ヲ金二百分ノ一ヲ航海ノ度毎ニ此請負人へ渡シ万一荷物覆没セバ百万金ニ二《（ママ）》百万金ニ償フベシ）又人ノ請負トイフ者ヲ立テ（航海ノ毎度分割ヲ付此請負人へ金ヲ渡シ若シ千人ニ一人三千人ニ一人死亡セバ父母妻子ヲモ撫育シ其子ノ成長迄養フベシ）総テ商社ヲ結ビ譬へバ五万両分限ノ者五人ニテ一万両宛出セバ五万金也。十人ナレバ十万金也。是ヲ合セテ商売スル也。商売ハ損得定リナキコトナレバ一人ニテ是ヲナシ、産ヲ破レバ回復シ難シ。右ノ如ク組合置ヨリ商社ノ法則ヲ立、法ニ背ク者アレバ上ヨリ是ヲ罪スベシ。是迄ノ貿易ニテハ富メル者ハ手ヲ袖ニシテ貪賈戎猾商ナドノミナスコトナレバ万一利益ヲ得ルトモ極意日本ノ縮トナル。段々商法ヲ立テタトへ士ニテモ有志ノ者ニハ航海術ト通弁ヲ学バシメ、商売ヲナサシメバ国益々大ナルベシ。

時法

我国ノ時刻一昼夜十二時ナレ共、西洋各国ノ如ク午ヨリ子マデヲ十二時ニ定ムベシ。時刻ハ上下日用常行ノコトニ関ハルコトナレバ一時一分一厘ト分チ正クスベシ。正シケレバ人ヲ役スルニモ平等ニ使ハレ、物ヲ製スルニモ正シキヲ得ベシ。生ヲ欲シ死ヲ悪ムハ人情ノ常ナレドモ時ニ駒隙《くげき》ヲ過シ易キモノナレバ時計ヲ以テ翫物トセズ、必用トシ寸陰ヲ惜ムニ至ラバ人事ニ益アルベシ。

暦法

夫暦数ハ上古黄帝ノ時ニ始リ夏、商、周トモニ《（ママ）》シニ孔夫子モ夏ノ時ヲ用ユトイッテ我日本往古ヨリ聊ノ変革ハアレドモ夏正ヲ用ヒ、夏正ナレバ年ニ寄リ閏月アリ、閏月ハ人事ニ益ナキモノニテ上タルモノ貢賦ヲ収メ、下タルモノ給料ヲ得ルモ其月ヲ加ルニ至ラズ、シカシ依旧心付ヌコトナレドモ其実害ナキニアラン、如何トナレバ人ハ日ニ寄リ生活スルモノナルニ月ニヨリ暦ヲ作リシ故也。且毎年新暦ヲ取リテ梓ニ上セ手数モ費ヘ加之暦中下

段　朝廷ノ撰ナレ共天地ノ間ノ吉凶アルベキ理ナシ。然ルニ愚者ハ惑ヒ、智者ハ是ヲ笑ヘリ。外国へ対シテモ実ニ愧ズベキナレバ西洋ノ如ク一年三百六十五日四分度ノ一ト定メ、四季ニ一日ノ差出スベシ、故ニ四ヶ年ノ暦ヲ一度作レバ万代不易ニテ暦ノ価闔国《こうこく》戸数ニ当レバ二十五万両ホドモ省クベシ。紀元モ度々改ルハ不都合故古代ノ如ク是ヲ廃シ神武帝即位ノ年ヲ始メトシテ何年々々ト数フベシ。サスレバ綿々タル皇統ヲ欽仰スル端ニテ国家ノ美事ナルベシ。

官医

夫病ヲ治スルハ医ニヨルコトナレバ緊要ノ術也。故ニ外国ノ医ハ自他ノ学術トモニ研究シ、技芸精巧ナレバ一級ハ一級ニ級ハ二級ト他国へ行キテモ分ル也。我国官医ノ如キ門地ヲ以テス。其巧拙三歳ノ童子タリ共論ヲ待タズ。然シ崎陽ニテ洋医へ親シク業ノ熟セシ者モ両三輩アレドモ是ヲ置ク。玉体ヲ唐医ニ委スルハ実ニ恐多キコト也。依而方今第一等ノ医ヲ挙ゲ玉体ヲ奉護スルコト急務ナルベシ。

（河野仁昭編『山本覚馬・新島八重―その生涯』学校法人同志社、一九八九年）

⑥ 山本覚馬翁《おう》の『管見』を読む

竹林　熊彦

一

『同志社沿革略』の巻頭に曰く、「明治七年（一八七四年）、新島襄氏米国より帰朝し、翌年、地を京都に卜《ぼく》し、山本覚馬氏と共に同志社を創立し、米国宣教師デビス氏（J・D・デイヴィス）の賛助を得て十一月二十九日、同志社英学校を寺町通丸太町上《あが》る松蔭町旧高松邸内に開く。之《これ》を同志社の濫觴《らんしょう》とす」と。

見るべし、わが同志社の創立には三個の人物を必要とした。而《し》かも新島先生を崇拝するものは多く、デビス先生を尊敬するものは多きも、わが山本翁に至つては、同志社二千の学徒、果して何人かよく其《そ》の事蹟と性行との片鱗だも捉えたものがあらうか。

学祖の義兄として、其の永逝去後、臨時にもせよ第二代総長の椅子にあつた翁の地位は、今少しこれを重視すべきであるまいか。

思ふに戊辰《ぼしん》の変を中心として幕末より明治維新に至る政変の千波万波のなかに、翁は千変万化の閲歴をした。主家の没落、牢獄の苦、白刃の下を潜つたのも幾度か、而かも目の不自由なりし翁の心眼いよ〳〵冴えて、其の広い趣味と深い造詣とは、最初の京都府会議長として、疎水工事の賛助者として、「明治文化の先駆者たる京都」の背後には翁の姿がまざ〳〵と認められる。

予は信ずる、同志社が普通学の教授に甘んぜず、神学の範囲に囚はれず、政治に法律に経済に文学に、専門学の分野を開拓せんとした当年の勢のうちには、翁の意見の確かに存したことを。

二

近頃、翁の『管見』なるものを得て読む。別名を『皇礎志』といふ。十数葉の写本で、翁が戊辰の変に捕はれて薩摩屋敷（即ち現在の同志社敷地）に幽囚せられたとき、同室に監禁せられた野沢鶏一《けいいち》氏に口授して筆記せしめられ、訂正して薩摩の上司に提出せられたものである。

翁は目が不自由であつたから、字句の修正は唯聞きて直されたものであらうし、伝写の誤とも思はれる個所があつて、一読遽《にわか》に了解しがたき点が無いでもないが、滔々《とうとう》として数千言、其の多方面にして進歩的なる一驚を禁じ得ざるものがある。

翁の学問系統が如何《いか》なるものかを詳《つまびらか》にせぬ。察するに、当時多くの武士の如《ごと》く儒教を学び、尋《つい》で洋学に志して蘭学を修め、長崎に遊学せられたこともあるらしい。『管見』の「小引」にはクリミヤ戦争を述べ、ナポレオン三世を説き、ロシア南下のことに及んである。

クリミヤ戦争は一八五四年でわが安政元年に相当し、『管見』口授の年を去る十四年、時間的に言へば不思議に思はれぬが、当時交通の不便にして外国の事情の比較的分り悪き時に、よく要領を得たる叙述は、翁が一隻眼を具へた故でなくして何であらう。今や同志社創立記念日を迎えるに当て、少しく翁の思想を窺つて見やう。

三

翁の意見は憲法論を以て始まる。政権は聖断を俟《ま》つべきなれども、斯《か》くては至尊《しそん》〔天皇〕を煩はし奉ること丶なる、依て三権分立を行ひ、立法、司法、行政各相犯すところなからしむべく、而も翁は大権事項の設くべしとの考である。而して立法機関を翁は議事院と称し、二院制を取るべく、上院は即ち縉神家《しんしんか》、諸侯より成り、下院は追々は士農工商のうちより選出すべきであるが、現在に於《お》いては有識者は士にのみあれば、朝臣、若《も》しくは藩士より選出すべしとの意見である。兵馬倥偬《こうそう》の間にあつて、翁の眼は既に夫《そ》の一角に向けられてあつたことは、注意を要する。

浜岡光哲氏の談に、行政訴訟制を設《もう》くべしとの意見を木戸〔孝允〕公に建策されたのも翁である、との事である。以て翁の法理に通ぜしことを知るべきであらう。

「撰吏」と題する項には、官吏の任命についてプロシア人レーマンの意見を紹介し、日本には猾吏《かつり》多く、而も其の俸給は少し、宜《よろ》しく其の数を減じて給与を厚くすべし、と説いて居る。

翁も嘗《かつ》て京都府吏が其の処生の意見を訊ねたときに、自分の錦を棄て丶他人のボロを尊重してはならぬとて、暗々裡に官吏収賄の弊を警《いま》しめられた、との事であるが、方今、疑獄の頻出を見るにつけて、翁の見識に敬服させられるのである。

四

翁は「今フォーセット」と称せられた位に経済学に通じ、其の目の不自由な点に於《おい》ても英国の学者と近似してゐる。従つて、経済学に就《つい》ては翁の造詣《ぞうけい》も著しく、それが発して、京都に於《お》ける諸種の施設となつたのであらうか（翁は後に政治、経済を講述し、浜岡光哲氏、田中源太郎氏、雨森菊太郎氏、中村栄助氏などは〔翁に〕就て学ばれた相《そう》である）。『管見』のうちにも、翁の経済論を認めることが出来る。

第一に翁は商工立国論者である。翁はイギリス、フランス、プロシアが盛なるは、其の理由は商工立国にありとなし、進んでアメリカの大農組織と日本の小農組織とを比較し、通商貿易の利を実例にて示し、更に日本の米沢と仙台とを比較して、商を以てする国の農を専《もっぱ》らとする国より富に於て優ることを説いて居られる。今日から見たなれば、立論正を得ざるものもあらうが、又た一見識たるを失はぬ。

次に翁は製鉄所を設くべしとの説である。製鉄のことは翁に剏《はじ》まつたのでなく、江川太郎左衛門が韮山《にらやま》に反射炉を設けて鋳砲、海防等に貢献したこともあるが、江川は蘭学に通じ、その知識を得たので、同じく蘭学に通じた翁に此《こ》の意見あるは怪しむを用ゐぬが、翁はこれを以て日常の鍋釜までこれを造るべし、然《しか》れば燃料の節約をすることが出来ると力説してゐる。

翁の貨幣論も注目に価する。翁は近年、四民困窮の根元は、幕府の官吏が金の吹下げを為したからである、即ち改鋳の結果、悪質の貨幣が行はれた為《た》めに、生活の困難を齎《もたら》したものである、と説いて居《い》る。

尚《な》ほ翁は、一分《ぶ》金、二分金の如《ごと》き角なるはよろしからず、小判、甲州金の如き円形をよしとす、と唱道してゐる。而して合金の比率は、これを公示すべきであると述べ、更に紙幣のことに及んで、不換紙幣の不可を論じて正貨準備の必要を説いて居る。

中央銀行を設くべしとは翁の宿論で、金貨本位制と共にこれを断行した松方〔正義〕侯爵の如き、態々《わざわざ》翁を東京に招いて、其の意見を聞かれた位で、明治経済史、及び明治経済学史上、翁は確かに特筆に価すべきものであると信ずる。

五

翁は保険会社を設くべしとの意見で、生命保険、海上保険等の制度より、共同企業の益あるを説き、合資会社、株式会社とも言ふべきもの丶設立を奨励して居《お》られる。其他、神戸築港のこと、醸造のこと、暦法、時法の改正を説き、寺院を変じて学校を設くべしと言ひ、矯風《きょうふう》のことにまで及んである。これが慶応四年（即《すなわ》ち明治元年）、翁の口より洩《も》れた思想としては、多方面なるに感服せざるを得ない。

若《も》し夫《そ》れ、翁が京都にあつて、或《あるい》は英学校の創立に参与し、写真レンズの製作に、小学校の設立に尽力し、博覧会の開設に、新聞紙の発刊に（現在の『京都日出新聞』の前身）、製紙、製靴事業などに貢献したこと等を挙ぐれば、翁の意見が着々として事実として現実せられ、其の因《よっ》て来るところの一朝一夕にあらざるを知り得るのであるが、その詳細に至つては、これを後日に期する。

六

最後に翁の教育論を述べて筆を擱《お》かんに、翁は学問を五門に分ち、其一は即ち法制経済、翁の所謂《いわゆる》建国術其他で、第二は倫理学、即ち修身成徳学、其三は法学、其四は哲学、科学、其五は医学である。

勿論、厳密なる区分法でもなく、其の一科のうちに教ゆべきものにも、国際法を政治学のうちに含ましめたる如き点がないでも無い。按ずるに公法、私法の区別は翁の念頭になく、其の法学なるものは民事、刑事の司法を指し、其の言ふ所の建国術には国法学、法理学等をも含ましめたものである。

翁は教育を以《もっ》て政治の次に置いた、其の新島先生と共鳴する故なしにあらずである。翁は男子の教育のみならず、女子教育をも論じて居られる、而《しこう》して翁の意見のうちには、フランシス・ガルトンの唱へた優生種学の萌芽を認める。翁の考へでは、俊傑は賢母による、されば女子教育は盛にせねばならぬとの主張であらう。

予は新島先生と共に山本翁を創立者にもつた同志社の幸福を思ふ。創立こゝに四十有星《せい》霜《そう》、翁の意見に対して我等の感、果《はた》して奈何《いかん》。（『同志社時報』第一九一号　一九二二年十一月）

⑦ 創立当時の同志社（英学校）の消息

早川　喜代次

あゝこの恩師

明治九年八月数え年十四歳になった猪《い》一郎は、二ツの小型の竹コウリを振り分け荷物として肩にかけ、東上の途についた。まず、百貫港まで歩き、知人の古荘《ふるしょう》一雄夫妻に伴って蒸気船に乗り、長崎・神戸をへて船は横浜に入港し、横浜からは汽車で新橋駅についた。神田の縁者である藤島正健方に寄宿して、一ツ橋外なる東京英語学校（一高の前身）に入学した。

二、三ヶ月の後、京都同志社の生徒である先輩、金森通倫《みちとも》との文通から、熊本洋学校の生徒が多数同志社に来ており、新島襄先生はアメリカ帰りの偉い先生であることを知ると、やもたてもたまらず、三十円を持って横浜から船にのり、神戸に上陸して十月二十日夕、京都に入った。金森先輩に手紙を出した時、猪一郎は匿名で菅正敬としるしたが、これは菅家の後裔《こうえい》、一敬の子正敬というわけで、この号は晩年に至るまで、多くは正式の時に使用している。

時は西の京にも秋色がただよう夕であったが、さっそく金森に伴われて、同志社の米人教師デビス先生宅の祈禱会に出席した。秋の夜に夏の着物で寒むそうな猪一郎の姿を見た新島先生（34歳）は、次の日、「今晩ゼヒ私方にお出なさい」と呼んでくれた。

おかっぱ頭に白木綿帯姿の猪一郎は、この夜、暗い静かな京の街を通って、新烏丸頭《からすまかしら》町公卿小路の新島先生宅を訪ねた。チョコレート色の古格子戸をあけて案内を乞うと、次の間の書斎からナイトガウンに長い房のついた帯をしめた新島先生が出てきて、「マアお上りなさい」とすすめた。

書斎に通された猪一郎は、小さなストーブのそばの籐製《とうせい》の安楽椅子《いす》に腰をかけた。高い書棚には、初めて見る金文字の洋書がぎっしりとならび、外に『本朝史』・『支那史』などと墨筆で大きくかいた本箱も見えた。新島先生は、高さ一尺五寸ぐらいの下方に三ツのこぶのあるランプの傍で、物やわらかに、これまでの猪一郎の行動についてひと通りたずねた。

先生は、見るからに堂々たる体軀《たいく》、濃く太いマユ毛、烔々《とうとう》たるその眼光、漆黒のロヒゲ、音声は荘重にしてあたりを払うその威厳、しかして体内に脈々と流れるこの温情。ここで猪一郎は、「なるほど、この先生ならば……」と深い深い感銘をうけた。

茶菓が出て、さつまいも製の甘い羊かんを猪一郎は珍しく食べていると、先生は、隣室から紀州メンネル手製の二枚のシャツを持ってきて、「徳富さん、これを」と手渡してくれた。猪一郎は、感激の眼で先生の尊い顔を見あげ、これを拝受して喜んで帰路についたが、先生の額にある大きな疵《きず》アトは、どうしてできたのだろうかと気になった。（この疵アトは、幼少のころ上州で塀から誤って落ちた時のものであった。）

ここで、新島襄がこの同志社を創立した由来について述べてみたい。新島襄は上州安中《あんなか》藩の武士の家に生れた。十七歳で祐筆《ゆうひつ》になった新島は、二十一歳の時、苦心してアメリカに渡り在留約十年、後明治七年の秋帰朝して、京都に学校をたてようとした。当時キリスト教の学校は、京都では歓迎されなかったが、勝海舟の紹介状を持って京都河原町御池《おいけ》下ルの京都府顧問山本覚馬を訪ね、その声援に接して、始めて曙光《しょくこう》を見いだしたのである。

山本覚馬は会津藩士で、佐久間象山、勝海舟の教えをうけた人である。京都守護職会津藩主松平容保《かたもり》公が、孝明天皇の御前で馬揃いをご覧に入れた時、彼は新洋式砲隊の指揮官であった。彼は平和論者であったが、鳥羽伏見の戦に捕えられて薩摩屋敷に幽閉されているうちに両眼の盲は悪化した。

後、京都府の盲顧問として京都の殖産興業に敏腕を振い、会津小鉄とともに、京における会津藩の名残としてその名を知られた。後に京都の重要人物となった田中源太郎、浜岡光哲、中村栄助、雨森菊太郎、大沢善助らは、みなこの覚馬の聴講生であった。

新島の来訪をうけた山本は、その希望にそって熱心に手配してくれ、外に槙村《まきむら》知事の応援もあって、新島は寺町通丸太町上ル高松邸を借り、ここに「官許同志社英学校」を開校し、ついで、相国寺《しょうこくじ》門前の校地を手に入れ学校をたてた。校舎は、建坪四十坪で瓦葺《かわらぶき》二階建の洋館二棟と細長い食堂だけであった。

その初めのころ、熊本洋学校の生徒三十余名はゼンスの斡旋で相前後して同志社に入学したが、大挙してきて見ると、案に相違して学校の設備は悪く、大藩一致でたてた熊本洋学校にはとても比べることができない程、粗末なものであった。しかし新島先生は、平民主義、人格主義を旗印として熱心に教育に従事したので、外人教師デビス、ラーネッド、ドーン、テーラー、ゴルドンたちも新島先生に協力した。そして、あるいは英語で、あるいは下手ながらも日本語で各科を教えていた。

猪一郎が入学して見ると、学内は案外、不満のことが多かった。下級生には、熊本の洋学校から転入してきた生徒である先輩が、先生に代って教えている。本が足りない。寄宿舎の食事がまずい。それに、校風が全くアメリカ化していることなどが、それであった。たとえば、祝祭日に国旗も立てないが、クリスマスには大さわぎをする。夏休みはアメリカ式に三ヵ月も休む。一にも二にもアメリカ風の教育である。生徒の中には、外人教師やその夫人にごまをする者もある。外人教師の夫人まで、寄宿舎の中を歩きまわる。猪一郎には、これではなんのことはない、アメリカ学校であると思われた。この学校を建てるのに、どのようにアメリカから金が出たかにつき、先輩たちから噂話をきく時もあったが、この偉い新島先生が、どうして外国の世話になっているのか、とふしぎにさえ思われた。

授業料は月五十銭、食費が月二円五十銭であったが、冷たい秋風が比叡《ひえい》の山から吹き下す頃になると、猪一郎は無一文となっていた。無断でここへきたので、熊本の父母へ送金をたのむわけにいかない。毎日わらぶとんで暮し、着物もぼろぼろになった。湯にも入らないから大変にきたない。同室の者は皆、逃げだしたが、負けぎらいの彼は、おかげで室が広々してよいとわざと平気な顔をしていた。

こうした時でも、「私の室にこい」と招じ入れてくれた先輩は、小崎《こざき》弘道一人であった。

そうこうしているうちに、熊本から姉の常子が学費を若干送ってくれた。それで猪一郎は、ようやく一息つくことが出来たのである。

明治十年二月五日、京阪間の鉄道開通式においでの明治天皇を、金森先輩につれられて拝顔したのも、猪一郎には忘れがたい思い出となった。このころ猪一郎は、新島先生宅で先生からキリスト教の洗礼をうけたが、間もなく〔実は同志社中退直後〕キリスト教がいやになり、先生に洗礼を返却するとの手紙をだすと、「貴君は大うそつきだ」と叱られた。

猪一郎は、あらゆる漢書を読みふけったが、勉強よりも、新聞と雑誌に特別の興味を持つようになった。先ず学校にくるものは誰よりも先にみな読んだ。その中で『報知』に掲載された犬養毅《いぬかいつよし》の西南戦役現地特報文は、一語も逃さずに読んだ。集書院に行って古い新聞も借りだし、論説などを白紙に写して保存もした。

しかし、新聞読みにも増して猪一郎の熱心な日課は、京の史蹟巡りであった。叔母の夫、小楠《しょうなん》先生の墓のある南禅寺や、銀閣寺、金閣寺、堀川御所趾、東・西本願寺、方広寺などはいくたびも訪ねた。

十一年の春、三年ぶりで熊本に帰った時、「私が引きうけます」と十一歳の弟の健次郎を同志社に連れて入学させた。当時熊本での健次郎は、小学校の成績だけはよいが、泣虫のかんしゃく持ちで、両親も閉口していた。人の好き嫌いが極端で、彼は善人帳・悪人帳の二冊をつくり、自分の好きな人は善人帳に、嫌いな人は悪人帳にのせていた。

幸いにしてここ同志社寮の健次郎は、皆から〝徳健サン〟と呼ばれて可愛いがられていた。健次郎は、兄の読む『八犬傳』や『いろは文庫』などをよくのぞきこんでいた。ある日、兄の机の中からほご紙と思ってつかみ出して鼻をかんだところ、「おいなんだ、これは福地（源一郎）の筆記じゃないか、洗って来い」とたいそうしかられた。

猪一郎は、十二年に入って、ここ同志社で村上作夫先生（34歳）から漢学の名講義をきき、感銘した。村上先生は、猪一郎の文章にも親切に添削してくれた。先生は後、肺をやみ三十九歳で逝去したが、今、南禅寺の墓地には、「二百年後の世界を待つ」の名文が大きい石碑にきざまれて建っている。猪一郎の学力は、このころ日に日に進歩したようである。当時、熊本からきていた和田正脩《まさなが》は、「徳富君は偉いものになるよ」と友人に語ったという。

猪一郎は、先輩のバイブルクラスが癪《しゃく》の種だった。このころ親友の大西祝《はじめ》、家永豊吉《とよきち》、元良《もとら》勇次郎らと同心の者達で結社をつくって対抗した。そして郊外、田中村のさる農家の水車小屋を借りて一夏をすごした。ここで、森の中の古い祠辺に水しぶきをあげてまわる大きな水車に向い、演説の稽古をして声をからしていた。

猪一郎らにとり、夏の祇園《ぎおん》祭りも楽しいものだったが、たまには息ぬきのため鞍馬口《くらまぐち》の一尼寺にも遊んだ。そして中年ながら、なお美しさの残る紫ずきんの尼さんから、精進料理を振る舞われたこともあった。

京の大文字《だいもんじ》焼きに、第一画四十間、第二画八十間、第三画六十八間の字が如意ヶ嶽《にょいがたけ》の胸に焼ける時、猪一郎たちは寮の窓に頭をならべて眺めていた。近くの相国寺の大法要の時、本堂の大戸が開かれると、猪一郎はとんで行って、天井にえがかれた〔狩野〕光信の大龍〔蟠龍図〕をながめた。また若冲の鳥の画も、年一度の土用干の日には欠かさず見た。

若い時から銀杏《いちょう》を好む彼は、御苑《ぎょえん》の中に大樹数本をみつけ、時々その下に立った。三本木の頼山陽宅にも何回か行った。鴨川の長堤もよく歩いた。ある時は、東郊長楽寺の石段を上り、火と燃える紅葉の下に山陽の墓に参拝した。霊山《りょうぜん》の急坂を登っては、大樹の下に立ちならぶ維新勤皇志士の墓の中から、坂本龍馬、中岡慎太郎らの名を見つけて喜んだ。

ところで、洋行帰りの新島先生は、智の人というより、むしろ情の人であったようだ。大久保真次郎が病気見舞に来た時、面会厳禁の先生は、顔だけでも見たいと硝子戸《ガラスど》越しに庭に立たせて、懐かしげに見やった。一生徒が死んだ時は、棺の中にしくフトンを作ってくれた。生徒が病気になると、いつも親切に看病してくれた。冬の空に寒むそうな生徒を見ると、そっと家に呼んで、夫人手づくりの着物やシャツなどを与えた。入学の折、猪一郎に二枚の紀州メンネル手製のシャツを与えたのも、その一例であった。

新島先生はまた、すべての人に対し一視同仁であった。生徒らがエスキモーとひやかしていた小男の小使〔松本〕五平にも、「五平さん」とていねいに呼んだし、伊藤博文や森有礼《ありのり》（文相）が学校にきた時でも、じつに泰然自若《たいぜんじじゃく》としていた。

今日、同志社の校庭に、蘇峰の由来記つきで、昔東京から一生徒横田安止《やすただ》に送った手紙の中の一句、「良心ノ全身ニ充満シタル丈夫《ますらお》ノ起リ来ラン事ヲ」を刻んだ石碑がたてられているが、先生は、生徒訓育の談話中に、情熱してぼろぼろと落涙したことも数しれない。また寒い夜中に、自宅から約十町も離れた寄宿舎にゆき、各室を見まわることもいくどもあった。

生来、多情多感の猪一郎は、学校に対する数々の不満の中にも、この新島先生の偉大なる人格に強く打たれた。新日本の建設のためには、身を犠牲にしてもつくそうとする先生に対して、崇敬の念が日とともに高まってきた。そして新島先生夫妻も、一段と気性の勝った猪一郎に目をつけ、いつも可愛いがってくれた。おかげで弟の健次郎もその恩典に浴したのであった。

史上の女性

しかし猪一郎は、八重子夫人に対しては、心の中では不快の思いであった。おかしな和洋折衷《せっちゅう》の服装で、事毎《ことごと》に出しゃばり、他人の前で大変なれなれしく新島先生を遇し、あるいは先生にたわむれて、その頭に手をあげたりするのは、先生を侮辱すること甚大なものだと思いこんでいた。

それで猪一郎は、憤慨の余り、ある集会の時、先生夫妻の目の前で、頭と足は西洋で、胴だけ日本の鵺女《ぬえじょ》がその辺にいる、と大胆に皮肉った。他の生徒達がかげで鵺々《ぬえぬえ》といっていたのを、猪一郎は真正面から公然といったわけだ。これに対し、寛容な新島先生は、じつに困ったことをいうと思ったに違いないが、別になんともいわなかった。

この八重子夫人は、会津の生まれで、世にもまれなる立派な史上の女性であった。かの維新史の一頁を飾る会津鶴ヶ城の籠城戦に、彼女は十八歳の黒髪を惜しげもなくたち切って男装し、兄山本覚馬仕込みの砲術で、城の石塁上から反撃し、また籠城婦人達の白ムク

でつくった降旗《こうき》を涙で仰ぎ見ては、

明日よりは何處の誰か眺むらん　なれし大城に残す月影

と簪《かんざし》で城内の白壁にかきつけ、攻防のつわもの達を感嘆せしめた凛《りん》たる會津女性である。自刃《じがい》した白虎隊や戦死した娘子軍《じょうしぐん》隊長中野竹子（22歳）とともに、この山本八重子の名は、今も戊辰《ぼしん》史書に、はなやかに取りあつかわれている。

後年彼女は、兄覚馬をたより上洛し、今の京都府立第一高女の前身「新英学校及女紅《にょこう》場《ば》」の教師となって活躍し、つづいて新島と結婚したが、人にたいし同情心の深いことでは夫襄に譲らなかった。夫が生徒らに厚い情をかけることができ得たのも、陰でこの夫人の内助があったからだ。

散歩や買物の途中、鼻緒《はなお》を切らしている人を見ると、新しいハンカチを裂《さ》いて与えた。家の前を雨ガサなしで通る人を見つけると、誰彼の別なくとんで出て雨ガサを貸してやった。夫人に付添の牧師、山岡重城は、このような話を昭和十八年春、著者〔早川喜代次〕にたくさん語った。

自鞭《じべん》事件

一方猪一郎は、年をとるに従って、新島先生がこのようにアメリカニズムに信奉しているのは、日本が不甲斐なく、何のたよりにもならないからに違いあるまい、これは日本をもっと力のある国にしなければならないと考えるようになった。そして、この日本を力のある国にするためには、自分はどんな職業を選ぶべきかと思案した末、自己の所信を広く公に発表して、一時に多数の国民に訴えることのできる新聞記者がよかろうと考えた。

そこへ十三年四月十三日朝、新島先生が自ら制裁した世に知られる自鞭事件が起こった。それはこうである。旧組〔二年上級組〕と新組〔二年下級組〕の二つを、学校の都合で合併することとなった。旧組はこれを不満として無届同盟休校した。

猪一郎は旧組の者たちに「うんとがんばれ」と陰で応援していた。時に新島先生は、猪一郎と旧組一同を自宅に呼んで円満解決を宣したが、後で四年生の上原方立《まさたつ》が、「校則をおかした同盟休校者を、そのままとするのは学校の手落だ」と新島先生に迫った。

この朝七時、約五十名の生徒達は、朝礼にと第二寮一階東側の公堂《ちゃぺる》〔実は教室〕に集まった。壇上の左右には、デビス、ラーネッド、山崎為徳《ためのり》、市原盛宏《もりひろ》らの内外教師が、いつものように居並んでいた。讃美歌、聖書朗読、祈禱《きとう》も静かに終り、次は当番の新島先生の感話の番だ。背広の先生は、先ごろ東山方面で手に入れた三尺ばかりのチサの杖を手にして、アメリカで自作した虎の子の皮鞄を、革ヒモで肩につりさげ壇上に立った。そしていつものきんげんな口調で、

「吉野山花咲くころは朝な朝な心にかかる峯の白雲」という歌を先ごろ吉野山で見ましたが、私も校長として常に諸君のことを案じている。今般、はからずも諸君の中から無届休校の人々が出たのは、これは校長たる私の徳が欠けているためで、諸君のあやまちは私の不行届きと不徳の結果である。校則は厳存しますが、どうして諸君を罰することができましょう。よって校長自らを懲罰にふします

と述べ、壇上の前面にすすみいで、「宣教師諸君ごめん」と少々ふり返り気味に挨拶して、右手にもつチサの杖で左の掌《たなごころ》を強く数回打った。杖は始めは二ツに折れ、つづいてまた折れて三片となった。

満堂は驚きのあまり、茫然として注視するのみであったが、上原方立は壇上にとびあがり、「先生！どうぞやめて下さい！」と抱きとめた。ここで職員も生徒も総立ちとなり、猪一郎らも馳せつけて、ようやく先生を止めた。すると先生は、

「諸君、わが学校の規則を重んずべきことを諒解されましたか。責を負うべき校長はここに罰しました。以後は評論無用の約束ができますか……」

と宣したのに対し、一同はただ暗涙にむせぶのみ、誰一人答えるものはなかった。先生は、「今日はこれで終り」と告げ、その手に残る杖の一片を壇下にすてて、静かに堂外に去った。この時の杖の三片はその後、同志社の校宝として保存されている。

無届同盟休校問題はこれで解決したが、この事件は全校生徒に非常な感激と刺戟とを与え、猪一郎らは、なんとなく学校に居づらくなり、自ら退校することになった。一味は猪一郎、湯浅吉郎、河辺久治の三人だ。しかし出て行くにも旅費がないのでこまったが、鯛《たい》食《しょく》会だけは催した。

それからちょっと考えて、先生の義甥《ぎせい》、新島公義を介して先生に旅費の借用を申し入れた。公義が帰ってきたので、「いくら借りてきたか」と猪一郎がきくと、公義はしほしほとして、「徳富君の面《つら》は千枚ばりであるのか。私をふみつけた上に、出てゆく旅費まで借りようとは、余りにも虫がよすぎるではないか」としかられてきたと答えた。

仕方がないから猪一郎らは、今出川の辺の下宿屋においた本、食器の類、諸道具まで全部を、先生宅の南一町下、御霊《ごりょう》神社前の店、大沢善助方に売り払った。善助には、「なるべく店先の見えるところへ並べておけ」と注意したのは、新島先生につら当てのつもりであったらしい。（この善助は、山本覚馬が有力者を自宅にあつめて殖産の講話をしている時、ご用ききの姿のまま、炊事場の板の間でこれを聴き、後、その時の講話にヒントを得て活躍し、京都電鉄、電燈の社長となった。そして同志社にも随分つくしたが、息徳太郎は、昭和十七年五月死去の時、五十万円を同志社に寄付している。）

先生の手紙「高く白雲の上に………」

京都出立の日には、例の小さな竹コウリをわけてかついで、新島先生宅に挨拶に立寄った。先生は恩人ハーデー夫妻の写真を飾ってある室で、先生の写真の裏面に、「大人《たいじん》とならんと欲せば自ら大人と思ふ勿《なか》れ　徳富猪一郎君　新島襄」とかいて記念にと手渡された。

それから、三條の角の牛肉屋でみんなで昼食をたべたが、この時の勘定は、新島公義が、「おじにたのまれた」と手早く支払ってくれたので、「さすがに先生は……」と一同は深く感嘆した。

猪一郎が、東京についたことを新島先生に手紙で知らせると、次の如《ごと》き温情に溢れる手紙が先生から送られてきた。

前略　小生ニ於て将来両兄益々御勤学ありて翼を撃高久飛揚して世之所謂小政談家或ハ間ニ合せ之新聞記者輩ト所を同ふせ須望を共にせす充分に鋭を養ひ広く史乗に亙り深く学術を窮メドウトカ御工風ありて二十四五歳ニ至候迄て磢磨を事とし一朝世ニ出る事を為す時は決而世と共ニ浮沈せす百川を挽回するの鋏気を以て我腐敗社会を改良志賜ハん事小生之切ニ君等ニ望む所　東京の其悪しき風俗中ニあるも少しの屯着もなく意を鋭ニし志を励まし高く白雲之上ニ出ヅるこそ真男子真丈夫と申へき也　小生輩の如きは已に正午を過せし者君等之如きハ今輝き登る太陽之如き者なれば将来之楽しみ殊に多く将来の望大なり　何卒些細之事之為ニ大望を失するなく路に当れるテンプテーション之為ニ大志を屈るなく今日に非らすし而他年世を救ふ之大目的を立何ッか其を達し而上は以上帝之聖旨を賛成し下は以塗炭ニまみるの人民を扶助し賜へ過般西京ニ而手を別ちし時小生之君等ニ向ひ談せし事ハ定而君等にハ余程不愉快ト被思シナラン古語曰良薬ハ口ニ苦シト真なる哉此言

憎みては打たぬものなり竹の雪

君等を愛し君等を憂るの深幾より如斯もなり行きし次第なり君等少しく察し賜へ

六月廿九日　　新島襄

徳富猪一郎
河辺鍋太郎　両君

猪一郎は、東京で数ヶ月間、岡松甕谷《おうこく》先生の漢学塾に学び、また、その間に井上馨、沼《ぬ》間守一《まもりかず》、中江篤介《とくすけ》〔兆民〕、江口高廉《たかかど》、重野安繹《やすつぐ》、小崎《こざき》弘道、吉田信好、神田乃武《ないぶ》、植村正久、井深《いぶか》梶之助の諸氏と面談した。

そして秋風の吹くころ、西南役西郷方にくみして捕われ、今ようやく出獄して熊本に帰る高田露《あきら》、宗像政《ただす》、有馬源内《げんない》の諸氏にも対談した。そのうち折りから上京した父の友山田武甫《たけとし》が、帰国の旅費を貸してくれたので、猪一郎は十一月中旬ごろ、銀座の岩田楽善堂で『元遺山詩箋註《げんいざんしせん》』など内外の多数の本を買いこんで帰国した。

（早川喜代次『徳富蘇峰』第二版第三章「同志社」（徳富蘇峰伝記編纂会、一九七九年）

改訂版のあとがき

本書は、二〇一二年十二月二十八日に出した『新島八重と夫、襄』の増補改訂版です。前書は、NHKが二〇一三年の大河ドラマを「八重の桜」にする、と六月に公式発表してから最初に世に出た八重に関する本でした。

その後、類書が何冊か出始めました。最終的には、マンガやガイドブック、小説、伝記などを含めて、おそらく三十冊くらいになるのではと思います。

その中で本書は、八重に関する入門的な読み物です。なるべく分かりやすく書くことを心がけました。けれども、一方で、できるだけ資料に則した、客観的な叙述を心がけました。一般の読者には、はなはだ読み辛い古い資料をいくつか、そのままの形で入れたのも、そうした意図の表れです。

今回の増補改訂版では、初版の誤植やミスを訂正しただけでなく、カラー口絵ページを設けて会津に残る八重の書をできるだけ集めて紹介いたします。それだけでなく、参考資料として、新島襄・八重の略歴や山本覚馬の年譜、『管見』解説文を、あらたに本文に補充しました。人名索引も新設しました。あわせて五十ページほどの「増量」です。増補改訂版の作成にあたっては、思文閣出版の原宏一氏、並びに図書印刷同朋舎の吉田祐一郎氏のサポートがあったことを記して、感謝します。

八重を手軽に知る書として、本書が多くの人に愛読され、八重の理解者がひとりでも増えるのに役立てれば、こんなにうれしいことは、ありません。

二〇一二年五月十七日

本井康博

も

や

ゆ・よ

ら・れ・わ

人名索引

著者紹介

早川廣中（はやかわ　ひろなか）

1935年生まれ。会津高校、中央大学を経て、早稲田大学大学院商学部修士課程修了。千葉商科大学助教授、中央大学教授、会津若松市長を歴任。現在は財団法人白虎隊記念館長。主な著書に『日本貿易論』（白桃書房）、『真説・会津白虎隊』（双葉社）、『官僚政治から国民のための政党政治へ』、『会津から日本を変える！　今こそ真の地方主権を』、『東大総長山川健次郎の目指すべき国家像と未来』（長崎出版）。

本井康博（もとい　やすひろ）

同志社大学神学部教授。神学博士。1942年、愛知県生まれ。同志社大学大学院経済学研究科修士課程修了。同志社新島研究会（会員約110名）代表。「新島研究功績賞」（２回）、「新島研究論文賞」（１回）を受賞。『新島襄と徳富蘇峰』（晃洋書房、2002年）、『新島襄の交遊』（思文閣出版、2005年）、『新島襄の手紙』（共編、岩波文庫、2005年）、『新島襄　教育宗教論集』（同前、2010年）などの刊行のかたわら、講演集「新島襄を語る」（全10巻・別巻２冊、思文閣出版）を刊行中（既刊９巻）。

増補改訂 新島八重《にいじまやえ》と夫《おっと》、襄《じょう》 ―会津《あいづ》・京都《きょうと》・同志社《どうししゃ》―

2011年12月28日初版発行
2012年５月31日増補改訂版発行

著　者　早川廣中・本井康博
発行者　田中大
発行所　株式会社思文閣出版
605-0089　京都市東山区元町355
電話　075-751-1781(代表)

印　刷
製　本　株式会社 図書印刷 同朋舎

ISBN978-4-7842-1628-4 C1023